Hans Heinz Altmann

Muttersprache – Heimat der Heimatlosen?

Muttersprache – Heimat der Heimatlosen?

„Wir gingen durch all jene große
und furchtbare Wüste, die ihr gesehen habt.“

(Deuteronomium, Kapitel I, Vers 19)

Von

Hans Heinz Altmann

Verlag Dr. Grüb Nachf., Bollschweil

Des Verfassers erstes Buch „Grenzsituationen meines Lebens“ findet in diesem zweiten seine, wie man hofft, erwünschte, sehr an der Lebenspraxis orientierte, mit Rechten der Nachfolge versehene Ergänzung.

Titelfoto: Nach einer Idee von Minni Altmann
Bild: Wolfgang Müller
Gesamtherstellung: F. X. Stückle, 7637 Ettenheim 1992
ISBN 3-924754-10-1

Minni gewidmet:
Sie schrieb nicht nur, sie konnte auch warnend
zugunsten der zu erwartenden Leserschaft
eingreifen, wenn der Autor philosophische
Traumtänze aufzuführen im Begriffe war.

Inhalt

Mit den hier *kursiv gedruckten Stichworten* sind die Kapitel I bis IX überschrieben.

„Das beste ist, daß man da bleibt, wo man durch Gott hingestellt wurde.“

Einleitung, nach deren Lektüre der Sinn des Buches leichter verständlich wird.

I. Des Lesers Interesse?

Ja, das waren zweifellos noch sinnvolle Zeiten – rund hundert Jahre sind verstrichen – als Theodor Fontane am 27. Mai 1894 in einem Brief so schrieb: „Jede Nation hat ihre Aufgaben und ihre Vorzüge, und das beste ist, daß man da bleibt, wo man durch Gott hingestellt wurde.“ Was ist in den hundert Jahren anders geworden? Fast alles, würden wir sagen. Zunächst einmal wäre unserer Generation schwer verständlich zu machen, daß wir dort zu leben haben, wo Gott uns hingestellt hat, da an eine Weltordnung mit Gott kaum noch geglaubt wird.

Zum anderen wird dieses Buch in einer Zeit geschrieben, in der sich ungeahnte Massen von Menschen auf eine Wanderung mit teilweise noch unbekannten Zielen begeben. Die da gehen, tun dies in der Regel nicht aus freiem Willen. Hunger drängt sie aus ihrer Heimat, sei es, daß die Natur mit Dürre, Ausbrüchen von Vulkanen oder Überschwemmungen sie vertrieben hat, sei es, daß – nicht immer verständlich – von inneren und äußeren Feinden verfolgt, ihre Häuser und Wohnungen zerbombt und zerschossen wurden, sei es, daß Wellen bekannter oder unbekannter Krankheiten ihnen das Leben zur Qual machten.

Alle diese Menschen, die unter unerhörten Qualen, mit dem Wenigen, was ihnen verblieb in den Händen, sich auf den Weg machen, haben längst den Glauben daran verloren, daß jede Nation ihre Aufgaben und ihre Vorzüge habe. Wie sollten sie auch! Wird dieses Buch doch auch in dem Jahre geschrieben, in dem ein Riesenreich, das vor gut 70 Jahren mit bestimmten politischen Vorgaben die Weltbühne betrat, nun in einem unabsehbaren und kaum je geahnten Chaos in unzählige Teile zersplittert. Wo bleiben dann Nationen und wo bleiben Aufgaben, es sei denn, man sehe die Verpflichtungen der Nationen in der Bewachung der größten Zerstörungsmacht, die wir selbst geschaffen haben, jener Atombombe, die leicht die Menschheit vernichten kann.

Dabei darf nicht vergessen werden, daß das Wort „Wandern" zu Fontanes Zeiten noch einen recht fröhlichen Klang hatte. Man wanderte, wir würden sagen, als Freizeitbeschäftigung, mit lustigen Liedern durch Feld und Wald, dankbar für eine Natur, und dankbar ihrem Schöpfer, in der solche harmlosen und billigen Genüsse möglich waren. Und selbst wenn man dem Worte „Wandern" eine ernsthaftere Bedeutung beimessen wollte, dachte man schon eher an die Handwerksburschen, die von Meister zu Meister zogen, um Kenntnisse zu sammeln, ihre Heimat zu verstehen, dann späterhin, selbst Meister, ja große Bauten von Kathedralen und Kirchen entstehen zu lassen, denen noch heute unsere Bewunderung gilt und die vor vielen, vielen Jahren durchaus den Platz deutlich abgrenzten, „wo man durch Gott hingestellt wurde".

Wenn man vom Mai des Jahres 1894, als Fontane seinen Brief schrieb, zum April 1933 herüberwechselt und nunmehr vom Ende des Jahres 1991 zurückschaltet, so will es uns scheinen, daß wir an Lebensalter zwar, an Generationen aber noch nicht so alt sind, die Dinge „sub specie aeternitatis", also unter dem Blickwinkel der Ewigkeit zu sehen. So rasend hat sich der Zeiten Rad gedreht, so unerhört ist der Wechsel von jener zu unserer Welt, so in Nebel verhangen scheint jeder Ausblick, daß man selbst dann jeden sicheren Standplatz zu verlieren scheint, wenn man den Ausspruch Fontanes mit den Möglichkeiten, oder besser gesagt, den Unmöglichkeiten unserer Zeit vergleicht.

Sind in früheren Jahrtausenden oder Jahrhunderten schon wirklich Völker aus ihren Grenzen weggezogen und haben an anderer Stelle der Welt noch ihren Lebensraum gefunden, ohne Anträge auf Asyl stellen zu müssen, so sind, historisch gesehen, solche Ereignisse in den Schubläden der Geschichte verschwunden. Der Schüler hat ohne innere Bewegung von Völkerwanderungen gehört, naturgemäß weder ihre fürchterliche Wirklichkeit erkannt, noch an eine Zukunft mit gleichen Vorzeichen denken können. Es konnte daher gar nicht zu der Frage kommen, mit welchen geistigen Möglichkeiten, mit welchem Schriftgut etwa in der eigenen Sprache solche Wanderungen in die Fremde erträglicher gemacht werden könnten.

Wir leben wahrlich in einer Zeit, in der in vielen Ländern der Erde von der älteren Generation zitiert werden könnte: „Denn nur wenige Jahre noch, und ich gehe den Weg, den ich nicht wiederkommen werde." (Hiob 16,22) Dies leitet uns in die Erinnerung und verweist uns auch auf das „Buch der Bücher": durch die Jahrtausende hat es kaum ein anderes Volk als das jüdische gegeben, das durch Schicksal und Vorsehung mit dem Begriff „Wanderung" sein Dasein auf dieser Erde vollziehen mußte. Eine Folge dieser niemals verlorenen Erinnerung sind auch die Weisungen der Hebräischen Bibel, den Fremdling zu behandeln wie den eigenen Mitbürger, und etwa auch die Weisung, nicht zu vergessen, daß die Juden Fremdlinge waren im Lande Ägypten. Tausende von Jahren hindurch werden an Festen und Gebeten solche Erinnerungen wieder in unsere Wirklichkeit hereingespielt.

So liegt es nahe, in einer Zeit, in der stündlich und täglich Tränenströme fließen und Angstrufe in den Straßen der Welt erschallen, dieser jüdischen Tradition zu gedenken, um vielleicht erkennen zu können, wie hier Überliefertes in der Muttersprache Tröstendes mit sich brachte. Man darf dies selbst dann unterstellen, wenn die unglaublich schwierigen Situationen unserer Zeit allenfalls noch zu dem Ausruf berechtigen: „Ihr seid allzumal leidige Tröster." (Hiob 16,2)

Hinzu kommt, daß das Jahr 1992 für das Judentum die Erinnerung wachruft, daß vor 500 Jahren, im Jahre 1492 die Juden aus Spanien vertrieben und in der Welt verstreut wurden. Ein Datum von ungeheurer Erinnerungskraft für das jüdische Volk, und dies nicht ausschließlich mit negativen Vorzeichen. So waren die drängenden und dringenden Unheilsbotschaften, die uns in unserem Leben bis auf den heutigen Tag erreichen, Anlaß genug – um des großen geistigen Potentials willen, das

Schrifttum und Bücher bedeuten – zum mindesten in Denkansätzen den Einfluß aufzudecken, den sie Wanderern gebracht haben, die als Fremde unter Fremden zu leben hatten.

Der Hinweis auf die hebräischen Bücher dient naturgemäß nicht der Möglichkeit, sie vollkommen kennenzulernen, sondern bietet nur aus einer sehr alten Tradition heraus nachdenklichen Stoff für Epochen der Wanderung, über deren böse Folgen wir nachzudenken längst vergessen haben.

Druckerzeugnisse in deutscher Sprache, etwa ab 1933 bis 1945, oder auch noch einige Jahre darüber hinaus, gibt es in größerem Umfang, als man zunächst anzunehmen geneigt ist. Nicht alles kann man als Emigranten-Literatur bezeichnen. Es gibt eine große Reihe von Büchern, die in deutscher Sprache dem Einwanderer die Kenntnisse seiner neuen Heimat vermitteln sollen, sei es geschichtliche Darstellung, seien es Nachdrucke berühmter deutscher Literatur. Da können neu nachgelesen werden „Der Struwwelpeter" oder „Hauffs schönste Märchen", auch ein Roman von Hermann Hesse oder Bilder und Reime von Wilhelm Busch. Es konnte nicht Absicht des Autors sein, diese Literatur am Rio de la Plata vollinhaltlich zu beschreiben oder gar zu würdigen, eine Literatur, um die sich der Verlag Cosmopolita in Buenos Aires sehr verdient gemacht hat. Die Auswahl sagt nichts über Wert oder Unwert des Lesestoffes. Sie hat sich rein äußerlich naturgemäß auch daran orientiert, welche dieser heute selten gewordenen Bücher noch verfügbar waren. Aber nicht nur dies. Uns interessierte auch, wie der einzelne Schriftsteller sein Lebensschicksal romanhaft gestaltete und welche Zukunftshoffnungen er in sein Werk einbaute. Das mahnt uns zur Bescheidenheit, auch dann, wenn wir unter dem „Blickwinkel der Ewigkeit" heute alles besser zu wissen glauben.

Es geht nicht nur um jüdische Auswanderer. Es geht um viele Männer und Frauen, die nicht geglaubt haben, sie könnten ihr Leben in der Unfreiheit ihres deutschen Vaterlandes fortsetzen, die mit dem „Schiff ihrer Muttersprache" die noch unbekannten Meere ihrer neuen Heimat überquerten und so sich und viele Leidensgenossen vor dem Ertrinken retteten.

Es gibt ein Verzeichnis der in Argentinien gedruckten Bücher in deutscher Sprache, für etwa die Zeit, die Gegenstand unserer Erörterungen ist. Mein Freund Peter Bussemeyer, ein lieber und in vielen Belangen außergewöhnlicher Mensch, Historiker und Journalist, über den noch zu sprechen sein wird, hat diese Bibliographie zusammengestellt, sie ist im Anhang beigefügt.

Ehe dem Leser der weitere Inhalt dieses Buches anvertraut wird, möge gerade er, der in unserer Zeit lebt, von einigen wenigen Sätzen der argentinischen Bundesverfassung Kenntnis nehmen. Auch sie wurde in die Muttersprache übertragen und gab dem Einwanderer die Sicherheit, zu der auch die Argentinische Nationalhymne beitrug, Sicherheit besonders denen, die aus dem Lande der Unfreiheit kamen.

Aus der Verfassung (Vorrede): „Um die nationale Einheit zu verwirklichen, Vertrauen in die Justiz zu erwecken, den inneren Frieden zu festigen, Vorkehrungen zu treffen für die Landesverteidigung, das Allgemeinwohl zu fördern und uns unseren

Nachkommen und allen, die den argentinischen Boden zu bewohnen wünschen, die Wohltaten der Freiheit zu sichern ..."

Art. 20: „Die Ausländer genießen im ganzen Lande die Rechte des Bürgers."

Argentinische Nationalhymne (übersetzt von Dr. Fr. Katzenstein):

Hört, ihr Menschen, den Schrei heil'gen Zornes:
„Freiheit, Freiheit" so rauscht es durchs Land.
Hört das Klirren zerbrochener Ketten,
Seht die Gleichheit im Herrschergewand!
Es erhebt auf der Weite der Erde
Sich ein Volk jetzt, gewaltig und neu,
Seine Stirne mit Lorbeern gekrönet,
Ihm zu Füßen besieget ein Leu.

II. Kompaß?

Wo wird einst des Wandermüden
Letzte Ruhestätte sein?
Unter Palmen in dem Süden?
Unter Linden an dem Rhein?

Werd ich wo in einer Wüste
Eingescharrt von fremder Hand?
Oder ruh ich an der Küste
Eines Meeres in dem Sand?

Immerhin! Mich wird umgeben
Gotteshimmel, dort wie hier,
Und als Totenlampen schweben
Nachts die Sterne über mir.

(Heinrich Heine)

Eine nicht übersehbare Zahl von Straßen liegt vor dem Menschen, wenn er seinen ersten Schrei auf dieser Welt tut. Und nur in einem nicht meßbaren Anteil werden sie begangen, wenn er seinen ewigen Schlaf beginnt.

Aber sie ist nicht „wegelos",diese Welt, nicht ohne Angebot an zu beschreitenden Pfaden, nicht das Chaos, in das man ohne Anfang und ohne Ende zu taumeln hätte.

Wie weit dem Menschen hier die „Wählbarkeit" zugebilligt wird, ob überhaupt und wann – darüber sprachen wir, „Grenzsituationen" umreißend, an anderer Stelle. Wir wollen nicht von irgendwelchen Straßen sprechen, sondern von jenen, durch die noch so etwas flutet, was es schon nicht mehr geben soll – früher, in vergangenen Zeiten nannte man es „Seele" –, heute würde man an schwer zugängliche Tiefenschächte im Menschen zu denken haben.

Es gibt solche Wege in uns und um uns, sie sind oft unsagbar winzig, daß wir sie optisch vergrößern müssen, um ihrer ansichtig zu werden, oft unsagbar weit entfernt, daß wir sie mit Hilfsmitteln unseren Augen nähern müssen, oft auf dieser Erde, auf den Meeren, in der Luft, nach Richtungen geordnet, die wir aber nur erkennen, wenn wir uns der dazu vorgesehenen Instrumente bedienen.

Wir werden dieses unser Vorhaben auf den folgenden Seiten noch zu verdeutlichen suchen, wir werden konkrete Situationen ansprechen und uns auf Erfahrungen berufen, die uns zuteil geworden sind. Wir werden also keinesfalls in nebelhaften Wolken irgendeines alten oder neuen philosophischen Systems verbleiben, unser Denken ist ja noch in sehr konkretes Erinnern eingebettet. Dessen ungeachtet sei hier der Ort, das Instrumentarium zu erklären, das diesem Buch vorangestellt ist. Wenn die Wege so winzig sind, daß wir sie vergrößern müssen, bedienen wir uns des Mikroskops. Um sie aus der Weite in die Nähe zu bringen, benötigen wir das Fernrohr. Die große Bühne unserer Betrachtungen ist der Erdball, und die Richtung bestimmen wir mit dem Kompaß. Es ist übrigens ein Kompaß mit einer eigenen Geschichte. Er war in die Auslage eines Geschäftes gelangt, das in der Nähe der Hafengegend in Buenos Aires eine Unzahl von Dingen zum Verkauf anbot von Menschen, die aus allen möglichen Situationen des Lebens heraus Dinge zum Verkauf angeboten hatten, deren geldlicher Gegenwert für sie von Bedeutung war, oder deren Existenz für den ruhigen Schlaf besser aus ihrer Erinnerung getilgt wurde.

Nun wäre es an der Zeit, die Geschichte dieses Kompasses zu erzählen, ob sie sich nun so oder anders zugetragen hat, jedenfalls in der Form, wie sie sie der alte Inhaber dieses noch älteren Ladens in der Straße 25 de Mayo in Buenos Aires weitergab, ein Mann, der sicherlich schon Jahres seines Lebens alle großen Weltmeere gekreuzt hatte. Solch ein Kompaß hat in irgendeiner Form etwas Mystisches an sich, Magnetnadeln weisen Nord und bestimmen die Richtung. Man kann ein Mikroskop, man kann ein Fernrohr und auch einen Globus ziemlich mühelos in den einschlägigen Geschäften einer größeren Stadt erwerben. Mit einem solchen Kompaß ist es eine ganz andere Sache. Er ist in der Regel auf einem Schiff fest eingebaut, und dieser, der mein Begehren geweckt hatte und mich bis zum heutigen Tage erfreut, hatte in seiner blank geputzten Kupferhülle ganz offenbar seine Reisen auf Segelschiffen gemacht. Eine Windrose schwamm, durch die Magnetnadeln geleitet, in einer Flüssigkeit, und seine kardanische Aufhängung bildete eine Vorrichtung, mit der die Schiffs-Schwankungen und Drehungen von dem empfindlichen Gerät ferngehalten wurden. Übrigens, dieser Cardano lebte um 1550, war jedoch offenbar nicht der Erfinder, da bereits von einem solchen Kunstwerk schon bei Philo von Byzanz um 200 v. Chr. berichtet wird.

Der brave Kapitän eines englischen Segelschiffes hatte sich offenbar finanziell im Rotlicht-Hafenbereich von Buenos Aires übernommen und sich gezwungen gesehen, das Instrument zu versetzen, das ihn sicher in diesen Hafen geführt hatte.

Aber mein Kompaß konnte noch mehr. Jedes gewöhnliche Instrument dieser Art ist auf der Kommandobrücke eines Schiffes aufgestellt, und man blickt von oben in ihn hinein. Mein Kompaß ist so konstruiert, daß er von der Decke herunterhängt und daß man von unten auf seine Scheibe heraufblickt. So etwas gab es oft, die Kapitäne hatten den Kompaß über ihrer Koje hängen und konnten in bequemer Ruhelage eine Kontrolle ausüben, ob ihr Steuermann oben auf Deck den anbefohlenen Kurs ohne Abweichungen innehielt.

Einige Leser werden voller Erstaunen fragen, aus welchem Anlaß diese Geschichte eines so einfachen, richtungsweisenden Instrumentes so ausführlich erzählt wird. Zunächst einmal ist es aus einem anderen Grunde noch etwas Besonderes: Die Windrose wurde in Glasgow mit der Hand gemalt, so viele Mühe wird heute nicht mehr verwandt. Zum andern fasziniert mich die Tatsache, daß es Naturkräfte gibt, die nicht von ihrer Bahn abweichen. In andern Sprachen wird das Mystische deutlicher. In der spanischen Sprache beispielsweise heißt der Kompaß „La Brujula", wobei man wissen muß, daß „La bruja" die Hexe bedeutet.

Dann finde ich es immer noch erstaunlich, in welcher Form Dinge, die uns umgeben und die wir als tot bezeichnen, unseren Lebensweg begleiten, uns verlorengehen für immer oder sich wiederfinden lassen, ja oftmals zu solchen Bestandteilen unseres Lebensweges werden, daß man Verständnis für die Menschen empfindet, die sich an solche Dinge wie an Leben erhaltende Amulette klammern.

Und nun denke man einmal, und man verzichte auf die Vernunft, diesen Gedanken zu Ende. Ein jüdischer Emigrant, der in der Redaktion einer Zeitung Nachtdienst macht, geht Abend für Abend, fast schon im Hafenviertel der 11-Millionen-Stadt, an dem erleuchteten Schaufenster eines Geschäftes vorbei, in dem Seeleute oft Nützliches und Wertloses für den Fortbestand ihres eigenen Lebens belassen. Er sieht wieder und immer wieder dieses magische Gerät, das, ohne weitere Anweisung immer in Gang gesetzt, seine Richtung kennt. Und dieser Emigrant, in diese Stadt verschlagen, im Augenblick noch ein Fremder unter Fremden, kennt eben diese seine Lebensrichtung noch lange nicht und kann auch kaum daran glauben, daß er selbst in der Lage sein wird, die Magnetnadel seines Lebens auf den ihm bestimmten Norden auszurichten.

Und irgendwie, eigentlich ohne Sinn und Zweck, wird von Tag zu Tag sein Wunsch immer begehrlicher, dieses glänzende Instrument bei sich zu haben, in der doch ganz undenkbaren Vermutung, nicht ausgesprochen, sondern nur in Seelentiefen erahnt, sich an ihm festhalten zu können. Übrigens ein so schöner Gedanke war auch noch schwer in die Realitäten des damaligen Lebens umzusetzen, da Geld zu den Dingen gehörte, die der Emigrant nicht hatte. Der Kompaß steht noch heute zwischen vielen Büchern hier vor meinen Augen, und man mag es lächerlich finden oder nicht, er hat in irgendeiner Form seine mystischen Eigenschaften bewahrt und bringt die Gedanken zurück zu jenen Jahren, da das Schicksal mit einem Leben eine Kehrtwendung vollzog, die so tiefgreifend, so umstürzlerisch neu, so andersartig war, daß man, hätte man vorher von ihr gewußt, der sicheren Auffassung gewesen wäre, man könne sie nicht überleben.

So hat letzten Endes dieses unscheinbare Instrument nicht nur dem englischen Kapitän im Auf und Ab seiner Schiffsreisen begleitet und vermutlich auch dafür gesorgt, daß er in der südamerikanischen Metropole nicht an Hunger sterbe. Es hat auch dem kleinen jüdischen Emigranten manche freudige Minute bereitet und in irgendeiner Ferne den Gedanken auftauchen lassen, daß es Kräfte in der Natur gäbe, die ihre Richtungen nicht verlieren, die ihnen bestimmt seien. Und wenn dies zutrifft auf Dinge, die wir als tot bezeichnen, so müßte dieser Grundsatz in der Natur ja noch viel mehr für alles Lebendige gelten und müßte uns so zum Trost sein.

Aber es sollte vielleicht noch etwas anderes geben, an das man sich in solchen schwierigen Situationen halten könnte, nicht etwas Unbewegliches und für die Mehrzahl der Menschen doch Seelenloses wie ein Hexen-Kompaß, sondern es könnte noch etwas sein, was mit Hingebung, mit Liebe, mit Zuneigung, mit Gedanken an Verstehen, an eine gute Nachbarschaft, Landschaften einer Heimat, in der man aufgewachsen ist, mit musikalischen Noten, die wohl in unseren Ohren klingen, verbunden ist. Ich spreche den Titel dieses Buches an und mache sehr bewußt den Sprung von vielen Dingen des täglichen Lebens, die uns umgeben und die sehr oft für uns notwendig sind, zu den einzigen Tönen – und es ist ja nur gehauchte Sprache –, die uns bewußt oder unbewußt vom ersten

Tage begleiten, den wir auf dieser Welt erleben. „Muttersprache" sagen wir sehr oft in einer Form, daß man zu hören meint, es sei eine unwichtige Sache.

Es scheint mir ein bedeutsames Anliegen, einmal darüber nachzudenken, ob in den Wander- und Fluchtbewegungen unserer Zeit die Sprache, in der man aufgewachsen ist, die als erste Laute der Liebe uns empfangen haben, nicht dann zu einem sicheren Halt in den täglichen Schwankungen des Lebens werden kann, wenn alles andere um uns herum zerfällt, zerstört wird und Bomben und Granaten ganze Städte in ein rauchendes Nichts verwandeln. Ich will noch nicht von vornherein behaupten, daß die Muttersprache so zu einer Heimat der Heimatlosen werden könnte, und habe darum diese These im Titel mit einem Fragezeichen versehen. Ich glaube aber, daß genau hier der Ort ist, um den Titel und den Sinn dieses Buches nach Möglichkeit deutlich zu machen. Dies schon deswegen, um Fehlinterpretationen der Leser und Kritiker zu vermeiden, ferner und insbesondere auch deswegen, um zu versuchen, dem Unheil in dieser Welt, in der wir leben, etwas von der Schwere abzunehmen, in die wir zu sinken drohen in dem Glauben, unser Schicksal in Tausenden von Jahren sei ein einmaliges.

Es kann kaum einem Zweifel unterliegen: Dies ist ein Jahrhundert der Wanderungen. Und indem wir dies anerkennen und uns zu dem, was uns auferlegt ist, bekennen, müssen wir das jüdische Schicksal dieser Welt ansprechen, wozu sich das Jahr 1992 besonders gut eignet.

500 Jahre früher, im Jahre 1492, wurden die Juden aus Spanien vertrieben. Die Inquisition, mit

welcher der Domonikanerorden betraut wurde, zog ihre feurigen Spuren. In ganz Spanien wurden wohl über 12000 Juden verbrannt. Ungeachtet dieser bitteren Geschichte konnten Juden, sehr verschieden von den Voraussetzungen im Dritten Reich, auswandern oder sich taufen lassen, um insgeheim als Scheinchristen weiterzuleben. „Marranen" hießen sie, dies Wort ist häßlich, bedeutet „Schweine", rettete aber viele Leben. König Ferdinand von Aragonien und Isabella von Kastilien unterzeichneten am 31. März 1492 ein Edikt, „durch welches wir allen Juden und Jüdinnen jeden Alters ... gebieten, daß sie bis Ende des Monats Juli mit ihren Söhnen und Töchtern, Dienern und Dienerinnen, großen und kleinen, eines jeden Alters das Land verlassen müssen. Wenn sie dies nicht tun ..., werden sie mit dem Tode und der Konfiskation ihrer Güter bestraft zugunsten unseres königlichen Schatzes und des Fiskus".

Rund 200000 Menschen mußten sich auf die Wanderschaft begeben, ein Vorgang, den wir gerade jetzt nachzufühlen vermögen. Rund 500000 Kroaten mußten sich auf den ungewissen Weg in die Zukunft begeben, das bedeutet, daß jeder Zehnte seine Heimat verlassen mußte.

Allein ein solcher Einbruch in die Existenz unzähliger Leben – mit dessen Bedeutung im geistigen Umkreis werden wir uns noch beschäftigen – und erst vor 500 Jahren geschehen, hat die Juden sozusagen zu „Sachverständigen" in Wanderungsfragen erklärt, daß sie selbst schon glauben, sie seien es. Als mich eines Tages ein Bekannter auf einer der Straßen des turbulenten Zentrums von Buenos Aires mit der Frage ansprach, was ich denn so mit meinem Leben angefangen habe, da lautete der erste Teil meiner Antwort: „Ich suche die Ruhe." Und wo ich die fände? fragte mein Gesprächspartner. Ich erklärte ihm, daß ich gerade damit beschäftigt sei, auf noch ganz verlassenen Dünen am Atlantik ein kleines Haus zu bauen. Mein Gegenüber, ein Glaubensgenosse, begann, sich zunehmend aufzuregen. „Häuser bauen", so sagte er, „sei nicht Sache der Juden. Für diese gezieme es sich, ihre Koffer gepackt zu halten und zu warten, wohin die Vorsehung sie bringen würde. Grund und Boden mit Mauern zu umgeben, um dort ein sinnvolles Leben zu führen, sei nicht jüdisches Schicksal und jüdische Aufgabe".

Eine solche Einschätzung des Judentums enthält ja auch eine erst im Hochmittelalter auftauchende Legende vom jüdischen Schuster Ahasver, der Jesus verspottet habe und nun, auf Erlösung wartend, durch die Welt ziehen müsse. Jüdische Wanderungen, oft sehr unfreiwillige, werden schon in der Hebräischen Bibel beschrieben. Schwere Vorwürfe machte das Volk seinem Moses, der es von den Fleischtöpfen Ägyptens in die Wüste führte. Und noch heute essen wir am Pessachfest die ungesäuerten Brote, die Mazzoth, die wegen der Eile des Abmarsches ohne Hefe in Schnelligkeit gebakken werden mußten. Und wenn wir nur 50 Jahre zurückdenken, dann dürften Situationen, die Vergleiche ermöglichen, leider nicht fehlen.

Und damals zogen die Juden nach dem Zeugnis der Bibel 40 Jahre durch die Wüste. Und heute, so müssen wir, ungeachtet der verflossenen Zeit und etwaigen Verständnisses und Fortschritts zugeben, daß eine ganze Menschheit durch eine solche Wüste zieht, die groß und furchtbar ist, und das ist das außergewöhnlich Schreckliche, daß jene große und furchtbare Wüste von uns selbst gemacht wurde. Aus diesem Grunde der Untertitel „Wir gingen durch all jene große und furchtbare Wüste, die ihr gesehen habt!" Und daher einleitend die Frage von Heinrich Heine: „Wo wird einst des Wandermüden letzte Ruhestätte sein?" Und trotz solcher bedrükkenden Eindrücke auch die Antwort des ansonsten so ironischen und bissigen Poeten Heine: „Immerhin! Mich wird umgeben Gotteshimmel, dort wie hier."

Wenn wir uns solche Tatsachen der Geschichte in die Erinnerung rufen, und diese Erinnerung wird in unseren Tagen in einer nicht vorhersehbaren und erschütternden Weise lebendig, dann will es uns scheinen, als ob so ganz unrecht die Menschen nicht hätten, die da meinen, das jüdische Volk, seit Jahrtausenden zu Wanderungen gezwungen, hätte etwas auszusagen darüber, wie man mit solchem Schicksal fertig würde, ja sogar vielleicht darüber, worin der Sinn einer solchen zwangsweise betriebenen Verdrängung von Haus und Hof läge. Wenn wir versuchen, uns langsam wieder zurückzufinden zu der Thematik und zu unserer Frage, die Bedrückung, die durch die Wanderung entsteht, das Leid, das die Tränen quellen läßt, entstehe nur aus der äußeren Unbill, die auf die Menschen hämmert, und mancher geistige Verlust sei auszugleichen, so wird uns langsam eine Prüfung dieses Problems leichter.

III. Ihre Sorgen

Haben beispielsweise doch auch die Juden, als sie aus dem mittelalterlichen Deutschland gen Osten zogen, nicht nur ihre uns heut' absonderliche Tracht mitgenommen, sondern auch jene deutsche Sprache, aus der heute das Jiddisch geworden ist. Und hat nicht ein Columbus, als er nach neuen Kontinenten aufbrach, auf seinem Schiff einen Dolmetscher für die hebräische Sprache mitgenommen, in der Auffassung, daß sich ein verlorener Stamm Israels fände, der sich mit dieser seiner Muttersprache über die Zeiten gerettet habe?

Bei meiner Auswanderung im Jahre 1939 hatte ich naturgemäß weder Zeit noch Muße, über die gedanklichen Voraussetzungen des bei mir angesammelten Erbgutes nachzudenken. Aber wie habe ich mich verhalten, etwa durchaus in der Weise, wie Generationen vor mir ihre Wanderungen angetreten haben? Von meinem Großvater, der noch vor 1933 verstorben war und der mehr als 50 Jahre sein Rabbinat in einer kleinen Stadt ausübte, hatte ich eine große Bibliothek von etwa 1000 Bänden geerbt, die zu meiner großen Verwunderung von den Söhnen und Töchtern, also meinen Onkeln und Tanten, niemand haben wollte.

Diese Bücher, deren Inhalt mein damaliges jüdisches Grundwissen bei weitem überstieg, kamen zu meiner schon bestehenden Bibliothek hinzu. Im Augenblick meiner Auswanderung hatte mir die Hitler-Regierung schon manche Überlegungen abgenommen. Immerhin durfte ich 100 Bücher mitnehmen. Aus der Bibliothek meines Großvaters waren es nicht sehr viele. Sie haben meine Reisen durch die ganze Welt begleitet, mein Schicksal mit vollzogen, sei es, daß sie auf den Rücken von Mulas über die Gebirge der Anden zogen, sei es, daß sie in dem einzigen Zimmer, das wir in der bolivianischen Stadt Sucre bewohnten, tatsächlich eine Verbindung zu einer eigentlich recht lange vergangenen Zeit darstellten, an die Juden sehr wohl hätten denken können, als jene Bände gedruckt wurden. Noch heute erkenne ich sie leicht in den Regalen meiner Bibliothek. Da gibt es beispielsweise ein sehr umfangreiches Werk, bei dessen Betrachtung ich mich noch heute wundere, wie ich es mit seinen 551 Seiten durch die Welt geschleppt habe: „Die Bücher der Bibel – Überlieferung und Gesetz". Es handelt sich um das „Fünfbuch Mose und das Buch Josua nach der Übersetzung von Reuss", mit Zeichnungen von E.M. Lilien vom Verlag Georg Westermann in Braunschweig im Jahre 1908 herausgegeben. Meinem Großvater wurde es aus Anlaß seines 50jährigen Jubiläums als Rabbiner geschenkt.

Interessant für uns bleibt die Tatsache, daß zu einer Zeit, in der religiöse Freiheiten noch nicht so selbstverständlich waren wie heute, einem Rabbiner eine Bibel geschenkt werden konnte, die entgegen dem Bilderverbot der Überlieferung illustriert war und in der die Namen in „engem Anschluß an Luther" wiedergegeben wurden. Das Werk ist in den Jahren 1891/94 entstanden und enthält in der Einleitung die für unser Buch wesentliche Bemerkung: „Poesie, die Muttersprache des menschlichen Geschlechtes, ist wie überall, so auch hier das älteste, was uns erhalten blieb." Der Übersetzer und Kommentator, christlicher Bibelwissenschaftler, geboren 1804 in Straßburg, hatte vor dem mir vorliegenden Werk ein französisches herausgegeben, „La Bible" in 16 Bänden. Es mag uns heute oft unwahrscheinlich erscheinen, daß vor mehr als 100 Jahren Gelehrsamkeit und Befähigung Grenzen zu überschreiten vermochten, von denen man annehmen mußte, daß Religionen sie trennten.

Illustriert wurde diese Bibel durch den berühmten Graphiker Ephraim Moses Lilien, der 1874 in Drohobycz geboren wurde und 1925 in Braunschweig verstarb. Sein Buchschmuck, in scharf konturierter Schwarz-Weißtechnik, ziert viele jüdische Literatur. Sein Leben war darauf ausgerichtet, für eine stärkere Betonung des kulturellen Moments im Zionismus zu sorgen. Als Lehrer an der Kunstschule Bezalel in Jerusalem konnte er solche Theorien in die Praxis umsetzen. Meine Familie war zur Zeit des Ersten Weltkrieges mit Lilien in einen persönlichen Kontakt getreten. Mein Onkel war Stabsarzt und teilte mit dem Künstler in Rußland sein Quartier. Es muß in diesem Kriege Zeiten und Orte gegeben haben, in denen es nicht so mörderisch und blutig zuging wie in unseren Tagen. Lilien zeichnete, und mein Onkel hatte Muße und Gelegenheit, die Pflanzen der Gegend nach der Methode Linné zu bestimmen. Es wird eine Ausnahme gewesen sein, denn das jüdische Volk gedenkt noch heute der 12000 Männer, die sich 1914 freiwillig zu den Fahnen meldeten und ihr Leben für Kaiser und Vaterland, wie man damals sagte, hingaben. Aus diesen Zeiten kam die Sicherheit der späteren Generation, daß ihnen auch in Hitler-Deutschland nichts geschehen werde. Es kam daher der keinen Nutzen bringende Stolz, daß den Kommandanten der KZ-Lager Eiserne Kreuze, ja sogar Pour le Mérite-Orden vorgelegt wurden, in der Hoffnung, sie könnten lebensrettend sein. Naturgemäß war alles vergebens.

Die Erwähnung der Kunstschule Bezalel in Jerusalem bringt Kriegserlebnisse meines Vaters in meine Erinnerung zurück, der während des Ersten Weltkrieges im Landsturm Brücken um Warschau bewachte. Auch in Warschau gab es eine Niederlassung der Kunstschule aus Jerusalem, in der mein Vater zwei Kunstwerke aus ziseliertem Silber erstand. Das eine war eine Schutzrolle für die Megillah, in der für unser Purim-Fest die Geschichte der Königin Esther und des bösen Haman erzählt wird. Das andere der Silbereinband zu einer Miniaturausgabe der Schiller'schen Gedichte. Letztere Tatsache ist schon eine Anmerkung wert. Daß die Geschichte der Königin Esther in hebräischer Sprache einem Rabbiner geschenkt wird, liegt nahe, schließlich ist für ihn diese Sprache auch eine „Heimat". Daß in einer jüdischen Kunstschule, in einem Land wie Polen, Verse eines deutschen Dichters in eine kunstvolle Silberfassung gebunden werden und daß ein deutscher Landsturmmann dieses Bändchen seiner Familie schenkt, während er ansonsten in „Feindesland" Brücken bewacht, ist uns in jenen Jahren offenbar nicht weiter aufgefallen, gibt aber nach allem, was zwischenzeitlich geschehen ist, zu einigem Nachdenken Anlaß und unterstreicht, unter welchen merkwürdigen Bedingungen über jüdische Ausgangspunkte hinweg und aus angeblich patriotischen Anlässen sich Muttersprache in der Erinnerung an die „Heimat" widerspiegelt.

Das Büchlein hat Argentinien noch erreicht, nachdem es sogar den Urwald überwunden hatte, ist aber dann aus der Wohnung entwendet worden, ganz sicher von einer Person, die das glänzende Silber anzog und die naturgemäß mit den Versen von Schiller wenig anzufangen wußte. Vielleicht hat es sich einmal wiedergefunden in einem jener Läden, in denen ich auch meinen Kompaß antraf. Wir wollen nur hoffen, daß der oder die, die es nunmehr in Händen halten, es als eine ehrwürdige Reliquie behandeln. Vielleicht sind es Autoren berühmter Bücher, und die deutschen Verse, in einem jüdischen Kunstinstitut in Silber gekleidet, bilden Motiv und Möglichkeiten, phantasievolle Geschichten in die Welt zu setzen.

Ein weiterer Griff in meine Bücherwand, und ich finde jene fünf Bücher Mosche „mit worttreuer, deutscher Übersetzung, nebst dem Raschi-Commentare, punktiert, leichtfaßlich übersetzt, und mit vielen erklärenden Anmerkungen versehen, von Julius Dessauer, Rabbi in Neu-Pest". Die Bücher erschienen 1866 in Pest und kommen aus Ofen, der königl. ung. Universitäts-Buchdruckerei. Um hinsichtlich der Eigentumsverhältnisse ganz sicher zu gehen, sind die Bücher mit zwei Stempeln versehen, meinem Namen und einem sehr alten Stempel aus dem Geschäftsbetrieb meines Großvaters mütterlicherseits, des Mühlenbauers T. Blum aus Stettin, Grüne Schanze. Dort stand, fast neben der Synagoge, mit der Nummer 11a mein Geburtshaus.

Alle diese Bücher und die, über die ich noch sprechen werde, haben eine lange Reise mitgemacht. Sie sind aus dem damals noch lichterglänzenden Berlin über das weite Meer gefahren, haben die Gebirgsketten der Anden über 4000 Meter erklettert, sind durch die grüne Hölle des Urwalds auf den Rücken von Mulas geschaukelt, haben dort reißende Flüsse überquert, haben für einige Zeit an dem „Silberstrom", Rio de la Plata, ihren Platz gefunden und scheinen nun, nahe den Höhen des Schwarzwaldes, zu ihrem Eigentümer zu sprechen: „Jetzt sollst du uns aus dem Regal nehmen und dich eingehender mit unserem Inhalt befassen, als es dir vielleicht in der Fremde möglich war. Wir verstehen zwar, daß du uns in einer Welt, in die du ohne deinen Willen hineingeworfen warst, als Heimat begriffen hast, als etwas, zu dem man Vertrauen haben kann, nicht nur zu dem, was in deutscher Sprache dir von den Seiten entgegenleuchtete, auch die schwarzen Quadrate der hebräischen Buchstaben waren dir von Jugend an vertraut und dienten dir zur Stütze."

So scheint es mir aus den langen Reihen entgegen zu klingen, und so zutreffend wurde meine Situation vor 50 Jahren geschildert, daß ich dem geheimnisvollen Wispern gern entspräche. Aber die Jahre gingen ins Land, aus dem Auswanderer wurde ein Heimkehrer. Was er damals noch mit Deutlichkeit sah und was die Augen heute nicht mehr bieten, kann die Erinnerung heranbringen, wenn diese stillen und immer zur Verfügung stehenden Zeugen, allein durch ihre Gegenwart, bunte Bilder der Vergangenheit wieder aufleben lassen.

Leichter denn je fahren die Menschen heute in die Welt, sie reisen als Touristen und kommen wieder in die Heimat zurück. Wir konnten nicht annehmen, daß sich eine solche Hoffnung auch für uns noch verwirklichen würde, und es kann für mich kaum einem Zweifel unterliegen, daß die Sätze der Muttersprache, in diesen Büchern niedergelegt, eine „Heimat der Heimatlosen" waren. Es waren nicht nur jüdische Bücher, hebräisch geschrieben, mit deutschen Übersetzungen versehen, es waren auch vergilbte Seiten, auf denen sich nur die hebräischen Buchstaben befanden. Es waren aber natürlich auch die Bände von Goethe und Schiller, von Theodor Storm und Heinrich Heine, von Shakespeare, ja sogar Fritz Reuters Werke in der plattdeutschen Sprache der näheren Heimat. Gerhart Hauptmann fehlte nicht, und es darf angemerkt werden, daß die Bücher von Schiller in einer Ausgabe des Cotta'schen Verlages, in Stuttgart und Tübingen gedruckt im Jahre 1847, diese Reisen mitmachten. In der zweiten Auflage des Jahres 1847 erschien eine philosophische Abhandlung von Arthur Schopenhauer, die mich, ich möchte fast sagen, selbstverständlich ebenfalls begleitete.

Die merkwürdige Situation eines Emigranten, der ja vor drohender Vernichtung floh. Die Situation, so merkwürdig bei der Abreise wie bei der Ankunft. Im Mai 1939, noch zu den „Glücklichen" zählend, die einige Dinge mitnehmen konnten, waren in meiner Berliner Wohnung einige Kisten aufgestellt, in denen nun auch die Bücher verschwanden. Die Packer, echte Berliner Typen, traten leise in dem Augenblick an mich heran, als der überwachende Gestapo-Beamte das Zimmer für einige Minuten verlassen hatte. „Wat soll nu noch rin in die Kisten? Wir machen det für Sie!" Ich wollte nicht, ich war zu ängstlich, und das wohl mit Recht, da ich wußte, daß solche Versuche mit dem Verlust des Lebens enden konnten.

Und als die Bücher ankamen? Es kamen übrigens auch „nützlichere" Dinge, wie beispielsweise eine zerlegte Nähmaschine, die uns geraume Zeit ernähren sollte. Es gab nur ein Zimmer in der bolivianischen Stadt Sucre, der einstigen Hauptstadt dieses Landes, deren Lehmhütten man im Jahre 1939 weder ihren wohlbegründeten Ruf als alte Universitätsstadt, noch ihren Hauptstadt-Charakter ansehen konnte. Natürlich gab es keine Regale für diese Bücher, und selbstverständlich war ihnen eine solche Wanderung nicht zuträglich. Es wäre durchaus meine Aufgabe gewesen, mich eingehender der Erlernung der spanischen Sprache zu widmen, als in der kleinen Bibliothek aus den Lauten der Muttersprache eine vertraute Heimat konstruieren zu wollen. Was ich damals noch nicht wußte: Es sollte sich bald herausstellen, daß ich nicht der einzige Emigrant war, der solche nutzlosen Versuche machte. Oder vielleicht doch nicht nutzlos?

Ich konnte mich mit der Auswanderung noch nicht abfinden, ich vermochte nicht einzusehen, daß ohne eine solche Auswanderung mein Leben gefährdet wäre. Die Stadt Sucre, in etwa 2000 Meter Höhe, befand sich unter der schützenden Glocke eines subtropischen Klimas. An einem ihrer schönsten Punkte, vielleicht fast dem einzigen, lag die Plaza. Mit einem Buch, einem Stück „Heimat" in der Hand, las ich dort auf einer Bank und lebte in einer Welt, die eine andere war als die, die es hätte sein sollen.

Bis in die Zeit hinein, in der ich nun doch einmal beginnen mußte, für die Erhaltung der täglichen Existenz beizutragen, habe ich wohl weiterhin das absurde Bild eines aus Deutschland ausgewanderten Juden dargestellt, der an irgendeinem Punkt auf dem südamerikanischen Kontinent, auf der Suche nach Vertrautem und Verstehbarem, Gedanken und Erinnerungen an eine für ihn verklungene Welt wachzuhalten versuchte.

Später habe ich gelernt, daß ein solches Verhalten, eine Suche nach Heimat auf einem solchen Wege, nicht nur für die Unzähligen, die den Lesestoff in sich aufnahmen, von Wichtigkeit war. Von derselben oder sogar größeren Bedeutung war die Muttersprache für alle jene Schriftsteller, die in ihr und mit ihr den bunten Teppich des Lebens vor ihren Lesern zu gedanklichen Zusammenhängen knüpften, kurz gesagt: für die Autoren jeglicher Art Literatur in ihrem Sprachgebiet.

Nur ganz wenigen von ihnen ist es gelungen, weiterhin zu schreiben, selbst dann, wenn die Manuskripte zunächst in den Schubläden der Schreibtische verschwanden. Viele von ihnen konnten einfach nicht überleben, sie hielten ihr Dasein ohne die Möglichkeit der ihnen eigenen Sprache nicht für lebenswert. Tucholsky Stefan Zweig und Friedell. Letzterer stürzte sich vom Balkon auf die Straße, als die Gestapo an seine Tür klopfte. Nur haben diese Schriftsteller ihre eigene Situation in der Verzweiflung der damaligen Jahre nicht immer richtig eingeschätzt. Wir wissen ja von manchen – wir denken an Thomas Mann –, die ihre Aussagen weiter zu Papier brachten. Die Lesergemeinschaft in aller Welt zeigte sich dafür dankbar. Hier verstehe ich unter „Lesergemeinschaft" die große Zahl der Emigranten; sei es, daß sie aus politischen, sei es, daß sie aus „rassischen" Gründen ihre Heimat verlassen hatten. So, wie sie ihre Dankbarkeit bewiesen, haben sie allerdings auch mit einem gewissen Entsetzen ihr Unverständnis zum Ausdruck gebracht, daß Schriftsteller ihrem Leben ein Ende setzten, deren äußere Verhältnisse gesichert und deren innere Produktionskraft ungebrochen erschien.

Ein großes Erschrecken ging durch die Welt, durch eine Welt, die im Nationalsozialismus das Ende aller geistigen Prozesse sah, als aus Brasilien der selbstgewählte Tod von Stefan Zweig gemeldet wurde. Die für jeden Emigranten nie erloschene Hoffnung einer Rückkehr in seine Heimat schien für immer ausgelöscht. Glaubten wir doch, daß die, die für uns „Erleuchtete" waren, auf Grund besonderer Informationsmöglichkeiten schon wissen mußten, daß die Dinge, die sich um uns herum abspielten, keinen vorübergehenden Spuk darstellten, sondern nur das Ende alles dessen anzeigten, was uns unsere Welt und unser Leben bedeuteten. Wir hatten noch nicht verstanden, daß die besonders sensiblen Fähigkeiten jener künstlerisch schaffenden Menschen dem äußeren Druck einer erzwungenen Auswanderung aus der Sprache viel weniger gewachsen waren als unsere eigene Widerstandskraft.

Wo die zu versagen schienen, die uns bislang als Leitbild gedient hatten, machten wir gerne von einem Angebot Gebrauch, das als Ersatz gerade im richtigen Augenblick in Erscheinung zu treten schien.

Auch hier eine sehr merkwürdige Erscheinung im Verlauf einer für die Menschheit sehr schwarzen Epoche. Es fand sich für einige, die dem Druck der damaligen Jahre nur schwerlich gewachsen waren, als einziger Ausweg die Möglichkeit, ihr Schicksal, ihre Erlebnisse – nicht nur das Vergangene, sondern auch ihre Zukunftshoffnungen – in einer Fiktion zu verarbeiten, sei es in eine Romanform zu gießen, sei es in Verse. Sie taten damit nicht nur sich selbst einen Gefallen, indem geradezu eine psychotherapeutische Behandlung Platz griff. Auch für die vielen, die der Sprache ihres Gastlandes noch nicht mächtig waren, eröffnete sich hier wiederum eine verborgene „Heimat". Denn jene, die den Text lieferten, und jene, die ihn lasen, taten dies in ihrer Muttersprache. Es war also auch für die Leser nicht nur ein Zeitvertreib irgendwelcher Art, es war das Wiederfinden und das Wiedererkennen, ja oftmals das erste Erkennen überhaupt dessen, was für die Ruhe der „Seele" jedes Menschen, so wie ich es sehe, von ausschlaggebender Bedeutung sein kann. Dabei spreche ich naturgemäß nicht jene an, die positiv zu der Aussage des Pathologen Rudolf Virchow stehen, er habe Tausende von Körpern seziert, aber keine Seele gefunden.

Es kann nicht deutlich genug unterstrichen werden, daß eine Auswanderung nicht nur mit den Händen zu greifende Unbill mit sich bringen kann, sondern mindestens so große, wenn nicht noch größere Schwierigkeiten in solchen Bezirken bewirkt, die wir, sehr der Einfachheit halber, mit „seelischen" zu umschreiben pflegen. Selbst wenn es gelingt, eine irgendwie geartete Existenz zu finden, etwaige Not überwindend, ist das noch keine Lösung.

IV. Wege der Juden

Mit fast prophetischer Deutlichkeit erweist sich immer mehr und mehr die schon oft in der Geschichte programmierte Wahrheit, daß jüdisches Schicksal oder Erlebnisse, mit jüdischem Schicksal beginnend, in der Folgezeit eine große Zahl der Weltbewohner in derselben Form angreift, wie dies mit den Juden geschehen ist. In jener furchtbaren Nacht des November 1938 sind die Synagogen ein Opfer von Feuer und Zerstörung geworden. Es hat nicht sehr lange gedauert, und schon wiesen Rauch- und Feuersäulen in der ganzen Welt denselben Weg der Vernichtung, die vorher die jüdischen Gotteshäuser traf. Und als geistiges Gut aus jüdischem Bestand, in Büchern voll Weisheit und Gedanken klug zusammengefaßt, von Menschen, die von dem Inhalt solcher Bücher nichts verstanden, auf den Straßen und Plätzen der Städte in einem unheimlichen Autodafé in Feuer aufgingen, erlosch in dem Lande, wo solches geschah, jedes geistige Leben. Es wurde sogar in einem erheblichen Umfange aus der ganzen Welt verbannt.

Wenn jüdische Menschen von „Heimat" sprechen und wenn sie nach 50 Jahren sich noch einmal in die Erinnerung zurückrufen, wie sie in eine kalte Leere gestoßen wurden, so beginnt – und das ist schon fast keine Merkwürdigkeit mehr – eine solche weltweite Wanderung der Unzähligen aus ihrer Heimat, und es geschieht in dem Wahne, eine neue Heimat würde sich finden lassen. Alles dies geschieht, und wir betrachten es wiederum mit Staunen in dem Jahre, da Juden sich erinnern – und sie haben ein durch Jahrtausende reichendes Gedächtnis –, daß vor 500 Jahren diejenigen unserer Glaubensgenossen, die eine andere Religion nicht annehmen wollten, zur Auswanderung, zum Wandern gezwungen wurden, es sei denn, sie hätten ihr Leben in den von ihren Verfolgern ausgelösten Feuerströmen gelassen.

Es brennt, Brüder, helft, es brennt!
Die Hilfe liegt in eurer Hand, es brennt!
Ist euch euer Städtchen teuer,
nehmt die Eimer, löscht das Feuer,
löscht mit eurem eignen Blut,
beweist, daß ihr es könnt!

Steht nicht, Brüder, steht nicht länger
und regt nicht die Händ!
Steht nicht, Brüder, löscht das Feuer –
unser Städtchen brennt!

(Mordechaj Gebirtig – ermordet im Krakauer Ghetto am 4. Juni 1942)

Original in jiddischer Sprache

Feuer verfolgte sie, aber der Geist wanderte mit ihnen. Völker und deren Fortschritt begrenzten und erweiterten ihre Wanderung; befruchtend wirkte für die Welt, was als Strafe einst gedacht war. Ein Teil von ihnen kehrte sogar in ihre Heimat zurück, aber die Geschichte, oder besser gesagt: die Vorsehung, ließ sich viel Zeit. 400 Jahre nach dem Jahre 1492 mußten verstreichen, bevor auch in den Herzen der Wanderer, besser der ihnen folgenden Generation, die Brandmale der Inquisition gelöscht waren. Auch diese Wanderer nahmen ihre Muttersprache mit sich und noch mehr darüber hinaus. Mit einigem Fug und Recht kann man doch behaupten, daß es für Juden eine zweifache Wurzel der Muttersprache gibt. Denn wo in aller Welt fänden wir ein Volk, dessen Sprache 2000 Jahre so überlebt hätte, daß sie heute noch jedem ihrer Begriffe lebendigen Ausdruck zu verleihen vermag, daß diese Begriffe in den Köpfen lebendiger Menschen er- und durchdacht werden, daß es möglich ist, sich darüber Kenntnisse zu verschaffen, wie die Welt zu einer Zeit gesehen wurde, als eine große Wanderungsbewegung im Lande der Pyramiden begann. Dort wurde nicht verlangt, in eine verlassene Heimat zurückzukehren. Somit waren in diese Richtung drängende Erinnerungen nicht das Gepäck, mit dem Reisende sich ihren Weg erschwerten. Im Gegenteil, wie eine leuchtende Feuersäule – und dieses Bild ist durchaus der Bibel entnommen – stand vor ihnen als Hoffnung eine neue Heimat, in die sie einzogen, die ihnen in körperlicher und geistiger Beziehung zur Heimstätte wurde und für die sich nicht nur die uralte Sprache von jenen Tagen bis in unsere Zeit erhalten hat, für die, o Wunder, auch das Land noch greifbar ist, über das jene Wanderer schritten, die vor Tausenden von Jahren das begonnen haben, was heute lebende Generationen noch nicht vollenden konnten.

Und so trete ich wieder vor mein Bücherregal und empfinde großes Staunen, wenn ich jene unscheinbaren Bändchen betrachte, deren Seiten mit hebräischen Buchstaben bedruckt, teilweise nur um dieser Tatsache willen Begleiter auf meiner Wanderung waren. Da habe ich einen schmalen Band, der mannigfache Gebete enthält. In dem ausschließlich hebräischen Text, mit „Ergebnis des Lebens" bezeichnet, zeigen einige eingebundene weiße Seiten in hebräischer Schreibschrift Predigten und Gebete, die mein Großvater dort eingetragen hat. Die Buchstaben heben sich schwarz und kräftig von der weißen Seite ab. Mein Großvater schrieb sie mit einer sorgfältig zugespitzten Gänsefeder, die ihre Schreibflüssigkeit aus einem kleinen Tintenfaß bezog. So schrieb er übrigens auch Briefe und Karten, die an die Familie gerichtet waren. Dieses Büchlein wurde in Rödelheim gedruckt und verlegt, das Erscheinungsjahr war 1862. „Tozeoth Chajim", Ergebnisse des Lebens, ersah mein Großvater offenbar aus jenem Bändchen, das er reichlich kommentierte.

Seine „Funktion" als Stützpunkt der Sicherheit, als „Heimat", muß dieses also schon in frühen Zeiten ausgeübt haben, mit den Buchstaben, dem Inhalt, dem Wecken der Erinnerungen, der „Muttersprache". Und so ging es auch mit mir auf die große Reise, und so habe ich es heute noch. Vielleicht geschah dies damals nur in der Bejahung der äußeren Vorschrift, daß man Schriften mit hebräischen Buchstaben nicht der üblichen Müllabfuhr überlassen solle. Das begann mit nicht mehr brauchbaren Thorarollen, die auf dem Friedhof beerdigt werden mußten, das bedeutet, in der Erde begraben wurden. Und so mit jedem Kalenderblatt, mit jedem Gebetbuch, dessen man nicht mehr bedurfte. Bücher jüdischen Inhalts, die ich auf die Reise nicht mitnehmen konnte, schenkte ich der Jüdischen Gemeinde zu Berlin. Dort haben sie dann späterhin die Beauftragten von Goebbels abgeholt, um sie zu antisemitischen Darstellungen zu benutzen.

Dem Gedanken sei noch Erwähnung getan, daß es sich hier recht eigentlich um Vorschriften handelte, die dem Schutz der Umwelt gewidmet waren und die erst in unseren Tagen in ihrer wirklichen Bedeutung erkannt werden. Man konnte nicht ohne weiteres erwarten, daß eine solche Vorschrift auch ausgeführt würde, und da ist es durchaus denkbar, daß göttliche Vorschriften unterstellt wurden, die ihre Befolgung sicherten. Möglicherweise lassen sich auch so eine Reihe von Speisegesetzen begründen. Daß man kein Wild essen solle, das auf freier Wildbahn sich jegliche Erkrankung zueignen konnte, daß man Fische ohne Schuppen, insbesondere den Aal, nicht verzehren dürfe, der nicht nur das Symbol für eine Schlange ist, sondern auch ein Aasfresser, wie wir heute wissen, scheint in diese Richtung zu deuten.

Als ich mich einmal mit einer Gruppe Interessierter auf der Suche nach jüdischen Spuren im Elsaß befand und wir dort über knarrende Treppen in ein altes Haus hinaufgestiegen waren, in dessen ersten Stock sich ein Synagogen-Raum befand, war vor mir eine alte Thorarolle ausgebreitet, und ich benutzte Ort und Gelegenheit, um meine Auffassung dahingehend zu erläutern, daß gewisse Speisegesetze ihre sicherlich medizinisch deutbaren Voraussetzungen hätten. So habe vermutlich das Verbot, fleischige und milchige Nahrungsmittel zu mischen, eine Begründung in der Tatsache, daß man heute wisse, in den Lebensmitteln enthaltene Säuren seien dem Genuß schädlich.

Spätestens in diesem Augenblick lernte ich aus dem folgenden Protest aus der Reihe mich begleitender Glaubensgenossen, daß der Orthodoxie an der Begründung, der modernen Begründung solcher göttlichen Gebote nichts gelegen sein kann. Es steht in der hebräischen Bibel: „Du sollst das Böcklein nicht in der Milch seiner Mutter verzehren." Über diese Vorschrift hinaus bleibt dem Menschen nur die Möglichkeit, zu glauben und sie zu erfüllen. Und dies, wo er auch immer in der Welt sich befindet, somit seine „Heimat" mit den Schriften der heiligen Bücher mit sich führt, sei es auf den Wanderungen durch die Wüste, sei es auf dem Meer oder in den Prachtbauten der modernen Städte. Wir wollen nicht verkennen, daß eine solche „transportable Heimat" dem Reisenden oder dem Wanderer Sicherheit in seinen oft gefährlichen Unternehmungen gibt, die der, dem solche Gedanken fremd sind, niemals um sich aufzubauen vermag.

Und so wollen wir nochmals in das Regal greifen, um ein kleines Bändchen herauszuziehen, das nach dem Stempel auf der ersten Seite dem Rabbiner Abraham Altmann gehört hat und an den Enkel kam, der es bei seiner Wanderung über das weite Meer und durch die grünen Urwälder Südamerikas mit sich nahm und der es nun, ja man kann schon sagen, mit einiger Ehrfurcht in den Händen hält. Auf seinen rund 140 Seiten finden sich nur wenige Anmerkungen in deutscher Sprache, beispielsweise: „Psalmen zu Vaterländischen-, Gemeinde-, Vereins-, Familien-, Friedens-, Dankes- und Freuden-Festen. – Am Geburtstage des Königs, am Hochzeitstage des Königs – zur Krönungsfeier – In Kriegszeit und Noth" und zu ähnlichen Gelegenheiten. Das Büchlein nennt sich in der hebräischen Muttersprache „Sefer Sekute Abraham", das bedeutet: eine Sammlung von Texten, die in Erinnerung an Abraham zur Hilfe bei gottesdienstlichen Handlungen gedruckt wurde. Das Titelblatt verweist auf die Stadt der Herausgabe, Krotoschin 1879, und sagt weiterhin: „Handbuch für Kantoren und alle diejenigen, welche in Gottes- als auch in Privat-Häusern religiöse Functionen auszuüben haben. – Verfaßt und gesammelt von Adolph Schönfeld, Cantor in Posen." Wenn man sich auch nur kurze Zeit mit dem Inhalt beschäftigt, so ist eine ganze Kulturgeschichte aus seinen Sprüchen herauszulesen.

Da findet man zum Beispiel „Einsegnung des Proselyten": „Wandle vor mir und sei untadelhaft, der segne, stärke und ermuthige den frommen Proselyten, der da gekommen ist Schutz zu suchen unter den Fittigen des Gottes in Israel, der das heilige Bundeszeichen an seinem Fleische besiegelt, und sich im Wasser gebadet hat, auf daß er rein werde ..."

Im Anschluß findet sich auch der „Segen für Zwangs-Apostaten, die wieder zur Religion Israels zurückkehren." – „Gott, der Sünde, Missethat und Schuld vergiebt, der es durch seinen Propheten Maleachi verheißen hat, daß er wieder zurückführen werde das Herz der Väter zu ihren Kindern und das der Kinder zu ihren Vätern, der segne, stärke und ermuthige den ..."

Eingeschlossen in dieses Büchlein befinden sich handschriftlich Liedertexte mit Noten und in hebräischer Schreibschrift Ansprachen und Predigten jeder Art.

Der Schätze und der Erinnerungen gibt es noch manches, das der Erinnerung für den Enkel wert erscheint: eine Hebräische Bibel aus dem Jahre 1849, ein umfangreiches Gebetbuch, dessen Deckblatt mit dem Erscheinungsjahr 1911 Verlag und Druckort in russischer Sprache ausweist. Jedes dieser Bücher eine Begleitung auf der Reise durch die große Welt und nun zurückgekehrt und einen Weg aufzeichnend, der voller Unheil schien, aber mit Glück gegangen wurde, und Hoffnung auftut für Generationen, die ihn noch werden gehen müssen.

Gesprochen wurde bislang von Büchern in hebräischer Sprache; es wurde versucht, darüber nachzudenken, ob auch sie, diese Sprache, als Muttersprache zur Heimat für einen Heimatlosen werden konnte. Dabei muß zugegeben werden, daß für jüdische Menschen, die nicht in Israel leben, in der Regel die hebräische Sprache nur für den Gottesdienst und die Beschäftigung mit heiligen Schriften von Bedeutung wurde, dies allerdings von den Tagen der Kindheit an, da erstmalig jüdischen Kindern die Geschichten der Bibel erzählt wurden. Es geht da den Juden ähnlich wie den Katholiken mit der lateinischen Sprache für die Messe. Man lernt, was für Gebete notwendig ist, aber man hört vor allem den Vortrag der fünf Bücher Mose aus den Rollen der Thora. Wenn man es ein wenig weiterbringt, dann fühlt man auch, mehr als in der Sprache des Tages, einen eindrucksvollen Akzent und Rhythmus in den hebräischen Sätzen, eine Tatsache, von der Martin Buber bei der Übertragung der Hebräischen Bibel in die deutsche Sprache beispielhaften Gebrauch gemacht hat.

Vielleicht ist es erwähnenswert, daß es neben der eigentlichen Muttersprache eine über Jahrtausende hindurch überlieferte Sprache und Buchstabenform geben kann, die im Laufe eines Lebens fast so vertraut wird, als sei sie seit den ersten Lebenstagen mit dem Kind gesprochen; vielleicht ist dieser Hinweis dazu dienlich, anzuerkennen, daß es für die Hilfeleistung der eigentlichen Muttersprache bei der Heimatsuche in fremden Landen so etwas wie eine Vorstufe auf der Suche nach einem Halt geben könnte.

Eine solche Vorstufe, über die hinweg sie zu ihrer Muttersprache zurückfinden, ist zweifellos für Juden das Hebräische. Aber nur für solche Juden und natürlich für alle Menschen in ähnlichen Situationen, die bereit sind, verehrungswürdige Traditionen nicht mit einem ironischen Lächeln abzutun, sondern sich ihrer Wichtigkeit, ja ihrer Praxis bis auf den heutigen Tag nicht nur zu erinnern, sondern sich ihrer auch zu bedienen. Sich bedienen im Tagesgeschehen will heißen, den Versuch zu machen, etwas, was im Grunde der sogenannten Seele zu schlummern scheint, wieder nutzbar zu machen. Wie sonst sollte mir der Gedanke gekommen sein, mit dem oder jenem kleinen Büchlein aus der Bibliothek meines Großvaters auf die große Reise gehen zu wollen. Vielleicht bekommt man hier eine fruchtbare Lebensregel in den unmittelbaren Griff und überwindet in seiner Haltung so eine gewisse Müdigkeit, die Albert Schweitzer mit „Schlafkrankheit der Seele" bezeichnet.

Dazu könnten einige Überlegungen beitragen, die den Gedanken der Völkerwanderungen, insbesondere naturgemäß auch der jüdischen Wanderung, hier einen Platz einräumen. Aufgerüttelt wird unser Leben, wenn wir nur den nicht zu Ende zu denkenden Versuch machen, uns über die Wanderungsbewegung unseres Jahrhunderts, über ihren Beginn, ihre Bedeutung, und ihren Abschluß Gedanken zu machen. 500 Jahre nach dem Jahre 1492 haben die Juden jede Veranlassung, geradezu in Flammenschrift – und das ist leider fast wörtlich gemeint – ihre Mitmenschen auf uralte Erfahrungen eines Volkes zu verweisen, das seit Jahrtausenden durch Land und Wüste, über Flüsse und Meere dieser Erde wandert.

Wenn man ganz flüchtig sich mit Wanderbewegungen befaßt, so will es scheinen, als hätten sie nur negative Auswirkungen. Sklaven waren die Juden und unterdrückt, als sie Ägypten verließen. Verfolgt waren die Juden und in der Ausübung ihrer Religion bedroht, als sie aus Spanien vertrieben wurden. Verbrannt wurden ihre Siedlungen und vernichtet ihre Gotteshäuser, als große Bewegungen begannen, unter dem Banner des heiligen Kreuzes gen Jerusalem zu ziehen. Wandernde Völker, bei denen die Bewegung mit den Füßen recht oft die Flexibilität des Geistes überrundete, hielten die Unruhen in der Welt aufrecht. Ohne uns mit einer Unzahl einzelner Situationen beschäftigen zu wollen, denken wir an die Augusttage des Jahres 1914, als ein Volk, noch stolz mit den Waffen, sich über bestehende Grenzen hinwegbewegte, um Wanderungen einzuleiten und mit ihnen neuen Besitz zu schaffen. Weit umfangreicher und teuflischer noch waren alle jene Gedanken und Taten, die nach 1939 die Welt erschütterten. Und heute nun fühlen wir uns selbst eingeschlossen in die nicht zu zählenden Menschenmassen, die um uns, die zu uns sich in Bewegung setzen, uns zu erdrükken scheinen, zu deren Bremsung uns noch keine Mittel eingefallen sind, die einem solchen Völkerstrom widerstehen könnten.

Wir sagten es und unterstreichen es nach einer solchen Zusammenstellung nochmals, daß es so scheinen könne, als ob auch nur der Anstoß zu solchen Wanderungen unvorhergesehenes Elend über unsere Welt bringen würde. Und den Trost, den wir suchen, und die Möglichkeit der Hilfe in der Bedrängnis, die wir heute sehen, ist nicht nur mit materiellen Leistungen zu erbringen. Wenn wir noch einen kurzen Blick zurück in die Geschichte werfen, so erfahren wir, daß aus dem wandernden jüdischen Volk der Sklaven trotz späterer Versuche, eine solche Wanderung auf den Holzstößen der Inquisition zu verbrennen oder in den Gaskammern der Lager zu vernichten, eine eigene Nation geworden ist. Daß aus der kriegerischen Wanderung des Jahres 1914 über die Grenzen eine dauernde Freundschaft, ja fast ein Zusammenschluß der beteiligten Völker entstand, daß nach den oft grauenvoll erzwungenen Wanderungen unter der Diktatur eines Hitler eine neue, oft schönere Welt zu entstehen scheint. Daß die großen Bewegungen, hier in unseren Tagen als praxisnahe Tatsachen, den Verlust einer theoretischen Lehre begleiten, einer Lehre, die offenbar dem Menschen nicht das ersehnte Glück brachte. Es will uns scheinen, als ob der lange Atem der Geschichte dem Menschen, dessen Leben dazu ausreicht, ein neues und positives Lebensgefühl einzuhauchen versteht.

Solche Überlegungen gehören durchaus hierher. Sehen und treffen wir doch, wenn wir durch die

Straßen unserer Stadt gehen, und hören wir auch die Jungen und die Alten der auf Wanderung befindlichen Völker, die auf den Bahnhöfen, auf den Plätzen und Ämtern sich ihrer Sprache bedienen, ihrer Muttersprache, und können so in dem, was ihnen Fremde ist, einen wichtigen Bezirk ihres Eigenlebens erkennen. Selbst wir, die wir nicht immer mit Wohlwollen auf diese Wanderungen blicken, selbst wir erkennen, daß sie mit ihrer Sprache eine Heimat in sich tragen. Nicht nur ihnen ist die Sprache ein hilfreiches Seil, an dem sie sich festhaltend durch die Fremde schleusen. Ehrlich unbekannt bleiben sie uns nicht, nicht einmal in der Weise, daß wir sie nicht einzuordnen vermöchten, wenn ihre Wanderung in unserem Lande durch Not und Tod beendet wird. Auch so etwas hat es schon immer gegeben, und es gibt sichtbare Zeichen für solche Tatsachen. An unseren Küsten finden sich die „Friedhöfe der Heimatlosen", bei deren Betrachtung es deutlich klar wird, daß jene Fragen, die in den Versen Heinrich Heines am Eingang unseres Buches gestellt wurden, in der Regel nur eine unvollkommene, wenn überhaupt eine Antwort erhalten.

V. Auf zerbrechlichem Floß

Heimat und Muttersprache wandern vereint. Von der nicht enden wollenden Nacht des Wanderns handelt dieses Buch, von der Dunkelheit, die menschlicher Tat dennoch nicht zum Tun verhalf, von dem langen Wohnen in einer für den Wanderer abseitigen Welt, seinem Widerstand gegen die Unbill des Tages, seinem nie versagenden Wunsch nach einer kaum je zu vollendenden Rückkehr in die Heimat. Und wenn ich jetzt wieder in das Regal meiner Bücher greife und mit diesem Griff auch eine Fülle von Erinnerungen in die Hand zu nehmen scheine, werfe ich einen Blick auf eine Reihe von Büchern, mit denen ich nicht im Jahre 1939 aus der Heimat zog. Sie wurden in fremden Landen erworben, in Ländern, in denen man sich der spanischen Sprache bediente. Die Kette aber, die mit der Heimat verband, waren die deutschen Sätze, die so leicht zu verstehen, so leicht zu lesen, so viel Innigkeit und Zartgefühl der Muttersprache, eine Sicherheit in allem Fremdgefühl zu geben schienen. Was waren dies für Bücher und wie merkwürdig ist noch heute ihr Anblick, wenn sie auf meinem Schreibtisch liegen. Ganz einfach in Pappe gebunden, auf mangelhaftem Papier und oft flüchtig gesetzt von Helfern, die der deutschen Sprache nicht mächtig waren, geschrieben von Männern und Frauen, um deren Erstlingswerke es sich handelte und unter denen nur wenige waren, die sich als Schriftsteller bewähren konnten. Sehr oft schilderten sie mit erdachten Personen in Roman- oder Versform ihr eigenes Leben, entlasteten sich so von Druck und Sorge und halfen damit auch denen, die ihre Leser werden sollten. Denn diese lernten, daß ihr Schicksal nicht ein Einzelschicksal war, daß eine sehr große Anzahl von Menschen trauerte und feierte, Ängste oder Freude bekundete, verstoßen und herausgeschleudert war aus Berufen, die früher ihr Leben freudvoll gestaltet hatten. Mit Beginn der Emigration wurde versucht, eine solche Emigranten-Literatur unter die Menschen zu bringen, in der Absicht der Autoren, sich selbst zu helfen und auch ihren Lesern mit der Muttersprache Unterhaltung, Belehrung und Sicherheit zu bieten, sie vergessen zu lassen, in welch trauriger Umgebung sie sich oft befanden, an einem fernen Horizont die Hoffnung auf bessere Tage!

Da liegt zunächst vor mir ein Buch, äußerlich so einfach und schlicht, wie ich es eben schilderte, es ist als Roman gekennzeichnet und trägt den Titel „Zwischen Gestern und Morgen", sein Verfasser Günther Ballin, im Jahre 1945 erschienen im Editorial Cosmopolita in Buenos Aires.

Die Mehrzahl dieser Bücher wurde in den Jahren 1933 bis 1945 erdacht, nicht alle wurden in diesem Zeitraum niedergeschrieben oder gar gedruckt. Für die Neuankömmlinge auf einem für sie noch unentdeckten Kontinent war das Leben zu hektisch, der Erwerb des täglichen Brotes zu schwierig, der Versuch, in eine neue Sprache einzudringen, mit soviel Hindernissen belastet, daß in der Regel ganz einfach die Möglichkeit der Konzentration, die innere Sammlung nicht gegeben waren. Eine große Anzahl von Emigranten war auch mehr oder minder gut, meist schlecht in den Hochhäusern des Zentrums von Buenos Aires untergebracht. Zimmer lagen im Innern der Gebäude, und die Fenster öffneten sich auf Lichtschächte, aus denen mit den verschiedensten Gerüchen einer abwechslungsreichen Küche eine an Stärke kaum meßbare Musik herauftönte, fast aus jedem Stockwerk eine andere Melodie. Dazu aus den Radioapparaten als wichtige Mitteilung die letzten Fußball-Ergebnisse und jedwede Anpreisung von Waren. Niemand wäre auf den Gedanken gekommen, zu irgendeiner Stunde des Tages oder der Nacht die Fenster zu schließen oder gar die Lautstärke herabzusetzen. In der Nacht schon gar nicht, begann doch bei der kleinsten Abkühlung, wenn der Wind vom Fluß herüberstrich, das rechte Leben der großen Stadt in einer Form, die am Tage bei Feuchtigkeit und Sonneneinstrahlung kaum möglich war. Und war es zu heiß geworden, und bot die Nacht etwas Kühle, so stiegen die Hausbewohner auf die flachen Dächer, um dort ihre Ruhe zu finden. Ruhe bedeutete aber niemals auch Stille für die Ohren, mit Sicherheit wurde die Musik mit herumgetragen, wo man sich auch gerade befand.

Unter solchen Umständen ein Buch schreiben zu wollen, kann kaum mit Erfolg rechnen. Nicht zu vergessen, daß die Eindrücke der ersten Monate überwältigend, belastend, und mit Trauer umschrieben im Hinblick auf den Verlust der Heimat recht eigentlich jedes vernunftmäßige Denken unterdrückten und nur Raum gaben für Erinnerungen und Wünsche, deren Erfüllungsmöglichkeiten nicht im Willen des Emigranten lagen. Noch gefesselt an seine Muttersprache griff der Einwanderer zur deutschen Tageszeitung. Dies war für den Juden das „Argentinische Tageblatt“ und für die deutsche Kolonie „La Plata Zeitung“.

Der Roman „Zwischen Gestern und Morgen" und sein Autor Günther Ballin – er lebt seit Jahren nicht mehr – sind es durchaus wert, daß wir uns noch weiterhin an dieser Stelle mit ihm beschäftigen. Er bringt, wie unter den gebündelten Strahlen eines Brennglases, alle jene geistigen Eigenheiten zu Papier, die damals in den „Seelen" der Einwanderer ein noch sehr ungeordnetes Durcheinander erzeugten. Der Autor, 1909 in Berlin geboren, mit einem für Deutsche sehr berühmten Namen – der Reeder Albert Ballin, Generaldirektor der Hapag, Wirtschaftsberater Wilhelm II. – gehört zu jener Generation, die zwischen dem Ersten Weltkrieg, der Inflation, dem Beginn des Nationalsozialismus, den Judenverfolgungen, der Auswanderung und dem Zweiten Weltkrieg in der Tat niemals Ruhe fand. Es war eine Generation, der es nicht vergönnt war, ein eigenes Leben zu führen. Günther Ballin besuchte ein humanistisches Gymnasium, studierte an der Berliner Universität Germanistik, Geschichte, Altphilologie, Philosophie, Kunstgeschichte und Theaterwissenschaft.

Seine Arbeit in dem erwählten Beruf als Lehrer konnte nur kurz sein. So holte er nach, was bis dahin nicht zu seiner geistigen Vorbereitung gehörte. Er hörte Vorlesungen an der „Lehranstalt für die Wissenschaft des Judentums in Berlin", wurde Lehrer an verschiedenen jüdischen Schulen und Prediger für jüdische Gottesdienste. Noch in Deutschland schrieb er, durch seine finanzielle Situation gezwungen, Kurzromane und gestaltete Rundfunkprogramme. Wie jeder Emigrant mit einem geistigen Beruf hatte es Günther Ballin in dem neuen Land keinesfalls leichter als in der verlassenen Heimat. Der Tatsache, daß Dr. Ernesto Alemann die Pestalozzi-Schule mit deutschem Grundwissen in das argentinische Schulwesen einbrachte, gab dem Lehrer Ballin durchaus die Erfüllung sehnsüchtig erbetener Hoffnung.

Wir wollen nach Möglichkeit davon Abstand nehmen, aus jenen Büchern, die schon fast aus einem Nebel der Vergangenheit aufzutauchen scheinen, abzuschreiben, was gesagt wurde. Ungeachtet dieser Tatsache ist die Atmosphäre, das Klima der damaligen Zeit oftmals für uns nur dann verständlich, wenn wir jene hören, die damals zu ihren Leidensgenossen sprachen.

Das Buch Günther Ballins beginnt mit einer Anrede an den Leser, die in Gedichtform seiner Frau gewidmet ist. Dort hören wir, warum er schrieb, warum er die Vergangenheit nicht vergessen konnte. Dort wird betont, daß ein Leben der Zukunft mit dem der Vergangenheit sich nicht decken würde und nur in dem weltweiten Schicksal derer, die mit ihm gewandert sind, Trost fände. Der Inhalt dieses Gedichtes scheint so allgemeingültig für die Literatur in der Muttersprache, die so zur Heimat der Heimatlosen wurde, daß wir es nach 48 Jahren seit seiner Entstehung hier zur Kenntnis bringen müssen:

Ich rief es nicht. Es rief in mir
Und zog zum Licht.
Doch ob es etwas dir bedeutet –
Ich weiß es nicht.

Ich schrieb es auf, mich völlig zu erlösen
Von Lust und Leid.
Und dennoch hält es mich mit tausend Banden,
Bin nicht befreit.

Das Gestern läßt sich niemals überwinden,
Es lebt in mir.
Es klingt verloren auf in jedem Schritte,
Auch heut und hier.

Das Morgen ist noch grau, füllt mich mit Furcht,
Ich ahn' es kaum.
Für Leben, so wie wir's uns denken,
Ist wohl kein Raum.

Ich grüße dich und reiche dir die Hand,
Nimm's, wie's gemeint!
Wir alle sind so weltenweit getrennt
Und doch vereint.

Die Erzählung des Romans, ganz offenbar eine Biographie des Autors, kreist um das Schicksal zweier Jugendfreunde, von denen der eine, Klaus Peter, in die Emigration geht, und der andere, der SS-Mann und Oberleutnant Ulrich von Reichenau, „im Kampf der Barbarei gegen Recht und Ordnung und Kultur in der Welt" fiel. Das Buch ist in sehr versöhnlichem Sinne geschrieben. Auf der letzten Seite stehen die Sätze: „Liebe wird sein! denn ohne Liebe hat das Leben keinen Sinn und kein Sein. Lachen wird sein!"

Der jüdische Beitrag ist beachtlich. Die Romanfigur Klaus Peter geht an einem Schabbath-Abend „wieder einmal" in die Synagoge und spricht leise das Kaddisch-Gebet nach dem SS-Mann Ulrich von Reichenau mit dieser Aussage: „Erhöht und geheiligt sei Sein großer Name!"

Für uns, die wir den Autor kannten, ja auch für unsere eigene Wertung im Hinblick auf die Abwicklung eines gemeinsamen Schicksals, lesen wir jene Sätze, die aus einer immer ferner erscheinenden Vergangenheit zu uns herübertönen: „Willensfreiheit? Ah, das war eine gute und große Sache und wert, darum zu kämpfen und wenn nötig zu leiden. Nur mußte man sich darüber klar sein, daß alle Menschen in neun von zehn Fällen nicht handelten, wie sie wollten, sondern allein, wie sie mußten."

Und dann gibt uns das Buch die Gelegenheit, eine seltene Gelegenheit, Gläubigkeit dort kennenzulernen, wo die Entwicklung aus einer assimilierten Jugend zu einem solchen Denken ansonsten kaum glaubhaft darzustellen war: „Ich bin durchaus nicht das, was man einen gläubigen Menschen nennt. Aber ich habe Respekt vor dem Geheimnis, weil ich den Geist liebe. Ich bin keineswegs der Meinung, der liebe Gott habe die Geißel Hitler eigens dazu über Deutschland gesandt, damit einige Tausend Klaus Peter sich auf gewisse Dinge besännen, die ihnen im Laufe eines allzu raschen Assimilations-Laufes zum Gipfel der europäischen Kultur abhanden gekommen waren. Aber ich bewundere still für mich jenes geheimnisvolle Wirken, das dafür sorgt, daß nichts überwuchert und dadurch unfruchtbar wird und der Welt verloren geht."

Wenn wir das wenige, was wir von dem Buch und über seinen Autor kennenlernten, überdenken, wenn wir uns in die Tiefe einfühlen, in die Sätze, die in jener aufgeregten Zeit offenbar nur in der Muttersprache zu Papier gebracht werden konnten, dann beginnen wir zu verstehen, in welcher Form der Autor sich und seinen Lesern eine Heimat schuf, die mehr war als eine papierene

Heimat, deren Stütze und Sicherheit weit hineinragte in die Realitäten einer traurigen Gegenwart.

Wir greifen nun zu einem Buch, das nach einer Anmerkung auf der ersten Seite in den Jahren 1934 bis 1937 geschrieben wurde, das im Juli 1939 in Buenos Aires zur Auslieferung kam. Sein Titel „Neue Welt – Verse der Emigration", sein Autor Paul Zech. Auch dieses Buch hat eine Widmung:

„... und erst in diesen
todbangenden Stunden, wie ein räudiger Hund
von vielen Nachbartüren fortgewiesen,
habe ich erfahren, was es heißt, das Wort:
komm, Freund!"

Wer war Paul Zech? Geboren 1881 in Briesen, gestorben 1946 in Buenos Aires, war Lyriker, Dramatiker und Erzähler und hat, Sozialrevolutionär, der er war, 1934 Deutschland verlassen. Den Grund erkennt man sofort, wenn man folgende Verszeilen liest: „Niemand kann eins und einig sein mit Henkersknecht!" Seine Lyrik, in der Muttersprache gedichtet, sucht zu verdeutlichen, daß Sprache, wie und wo sie geboten wird, ihre Wirkung nicht verfehlen kann. „Jeglichen Mundes Sprache in den Zweigen ist Urlaub, wurzelhaft verbunden dem strömenden Gesause. Auch das Schweigen ist Stimme." Der Dichter unterstreicht, daß er „in diesem fernen, fremden Land von Hölderlin Gedichte in das Mikrofon sprach", auch „das Weberlied von Heine, Lessings Ring-Gedicht" und dabei fühlte: „wie die Stimme wallt, das Maß der kleinen Weite überschritt."

Es wird auf jeder Seite überdeutlich, daß eine solche Lyrik nur in den Klängen der Muttersprache laut zu werden vermag. Aber der Dichter hat eine Methode gefunden, in dieser seiner Muttersprache die alte Heimat mit einer neuen zu verbinden.

Er hat seine „Verse der Emigration" dreifach untergliedert: „Bei Nacht und Nebel" – „Wanderschaft" – „Die argentinischen Sonette". Dies ist die Überleitung und hebt sich deutlich von einem großen Teil der Emigrations-Literatur ab. Es ist der Versuch, aus der bisher bekannten Welt in einer neuen heimisch zu werden. In diesem Sinne war das Schaffen von Paul Zech auf diese neue Welt und diese Geschichte konzentriert. Dies wird deutlich, wenn wir die Titel einiger Schriften lesen, die von 1933 bis 1939 im Manuskript entstanden: „Der letzte Inka. Eine Tragödie vom Fluch des Goldes" – „Die grüne Flöte vom Rio Beni. Indianische Legenden" – „Indianer-Spiele. Vier Sezenen" – „Amaan Pacaric. Der Sokrates der Indios" – „Südamerikanische Nächte".

Eine solche Lösung, eine solche Suche nach Heimat in der neuen Fremde, ein solches Fühlen aus der Muttersprache, in neue Werte umgesetzt, bekunden auch diese Verse:

„Auch eine ferne Fremde kann zuletzt
uns Heimat werden, wenn man mehr von ihrem Wesen
erfährt, als in der Welt herumgehetzt
die Straßenzüge uns zu lesen."

Der Dichter hat sich mit seinem Schicksal nicht nur abgefunden, er hat sich mit seiner neuen Heimat, wenn auch unter Zwang – man muß schon sagen – befreundet.

„Die Fremde hat uns nicht erlöst von dem
Verlorensein,
aber die Heimat, die wir stummen Munds
erst lieben lernten, als wir sagen mußten: Nein!"

Ein neuer Griff in das Regal unserer Bücher. Einen einfachen, in Pappe gebundenen Band ziehen wir hervor. Er ist in grüner Farbe gehalten, zwischen einigen leicht hingezeichneten Tannenbäumen und der Andeutung eines kleinen weißen Hauses finden wir die Beschriftung: „Johan Luzian – Der ungläubige Thomas", Roman. Johan Luzian wurde 1903 in Hamburg als Sohn einer hanseatischen Beamtenfamilie geboren, lebte dort, dann in Wien und München als Schauspieler, Schriftsteller und Verlagslektor.

1936 verließ Johan Lucian Deutschland und zog, sehr bewußt, den Weg in die Fremde einem unwürdigen Leben in der Heimat vor. Über Paraguay kam er nach Argentinien, begann dort mit einem Versbuch „Tag des Gerichts", dem vorliegenden Roman und einen weiteren über den Entwicklungsweg deutscher Antifaschisten im Exil.

Mit Sicherheit hat die grüne Farbe auf dem Buchdeckel mit den Bäumen und dem weißen Haus ihre symbolische Bedeutung für den Schriftsteller, sein Leben und sein Streben. Beginnt doch schon die Erzählung vom „ungläubigen Thomas" mit dem Satz: „Sie lebten in einem Walde. Ihr Haus stand über einem blauen See." Hier muß man schon erzählen, wie der Dichter in dem kleinen argentinischen Ort Chascomus sich angesiedelt hatte. Dieses Wohnen, verbunden mit der Möglichkeit, genehme Gäste um sich zu haben, um auch so sehr notwendigen Gegebenheiten der täglichen Lebenshaltung genügen zu können. Chascomus bedeutet in der Indio-Sprache „Land der Seen". Die Ortschaft ist 100 km von Buenos Aires in Richtung auf den Atlantik zu erreichen und bietet mit ihrem prächtigen See und dem vielen Grün mit Sicherheit jene geruhsame Landschaft, derer ein Schriftsteller bedarf. Vergessen wir an dieser Stelle eine gewisse kriegerische Vergangenheit der argentinischen Geschichte, die um diesen Ort kreiste, und denken wir lieber im Zusammenhang mit unserem Thema an alle jene, die auch hier ihre Heimat fanden. Da gibt es eine „Kapelle der Schwarzen". Sie wurde vor 100 Jahren gebaut, durch eine „Bruderschaft der Schwarzen", die es in jener Zeit gab und deren Mitglieder aus dem schwarzen Dienstpersonal bestanden, von dem sich die reichen Familien der Zone betreuen ließen. Der Ausländerhaß ist dem Einwandererland Argentinien nun gar nicht vertraut. Da gibt es zum Beispiel einen Uhren-Turm, den die Vereinigung italienischer Einwanderer aus Anlaß des 150ten Gründungstages schenkte.

Wir wissen nun genug von dem Schriftsteller und dem Ort, wo er Aufnahme und Wohnung gefunden hatte. Und wir verstehen jene Schilderung der Landschaft, mit der der Roman beginnt: „War es nicht ein schönes, glückliches Land, das oberbayrische Vorgebirge, in dem sie wohnten? War es Weithergewehten eine Heimat geworden."

Wenn wir nun ein paar Seiten weiterlesen, so wird uns der Sinn des ganzen Buches verständlich, ohne daß wir es in seiner ganzen Entwicklung hier zitieren müßten. Von der Gemeinschaft auf dem

Lande war gesprochen worden, von der Ruhe, die die Landschaft ausstrahlte. „Aber nun war in letzter Zeit doch etwas Unheimliches und Störendes in den Frieden der Wälder gekommen. Es fing damit an, daß Leute im braunen Hemd, mit roter Armbinde, auf denen ein Hakenkreuz war, durch die Dörfer gingen ..."

Viele Personen gehen durch den Roman, auf beiden Seiten der Parteien werden in stets spannender Darstellung die Guten und die Schlechten gezeigt. Es mußte natürlich so enden, daß im aufregenden Ablauf der Erzählung der Maler Thomas Deutschland verlassen konnte, mit Situationen an der Grenze, die fast zu einer Katastrophe geführt hätten.

Naturgemäß macht sich auch dieser Autor darüber Gedanken, wie die Welt einmal aussehen würde, wenn der Spuk vorüber sei. Wir hatten ja alle geglaubt, lange könne es mit diesem Hitler nicht dauern. Hinsichtlich der Zukunft legte der Autor seinem Thomas die Worte in den Mund, offenbar seine eigenen Ahnungen: „Gaukelspiel! Gaukelspiel wie alles! lächelte Thomas traurig. Nichts wird wieder so sein, wie es war ... Alles wird anders sein, wird wieder verändert sein bis zur Unkenntlichkeit, wenn wir einmal wieder heimkommen sollten ..."

Wir sprachen schon davon, daß nicht nur materielle Verluste, die Tatsache, ohne alle Dinge das Land verlassen zu müssen, die Auswanderer am meisten belasteten. Sicherlich, es wird festgestellt: „Mit leeren Händen gingen sie ins Ungewisse." Doch in allen Schilderungen dieser Art liegt die größere Belastung im geistigen Umfeld, die man immer wieder so auszugleichen versuchte: „Und doch blieb ihnen eine Hoffnung: daß das Gute und Menschliche in der Seele ihres Volkes einmal rein wieder auferstehen würde! Daß es alle Masken ablegen würde, hinter denen es sich in den Jahren des Unheils verbarg!"

Wir fragen uns heute: Ging eine solche Prophezeiung in Erfüllung?

Zwei andere Bände aus jener Zeit, die uns schon so ferne erscheint, aber ihre Projektionen auch auf die Leinwand unseres Lebens ausstrahlt, nehmen wir jetzt aus dem Regal. Sie schaffen in so ganz anderer Form die Heimat in der Fremde, da sie ein Fühlen, ein Sehnen, eine Erfüllung zum Gegenstand haben, deren die Menschen nicht nur dort bedürfen, wo sie geboren sind, wo sie in Sicherheit leben, sondern viel mehr noch dann, wenn die sicheren Mauern ihres Lebens sich in einen Trümmerhaufen verwandeln. In neuen Ländern, umgeben von einer fremden Sprache, mit ungewohnten Vorkommnissen überschüttet, blieb ihnen eine Welt immer erhalten, das Reich der Töne, der Musik, der Orchester, der Sänger, jene unendliche Welt, die es erlaubt, in Tagen der Trauer tröstendes Heil zu empfinden und in den Tagen der Freude mit einstimmen zu dürfen in die Chöre des Jubels. Und wenn in diesen Reichen nicht nur gehört, sondern auch geschrieben wird, dann sind es ganz gewiß die Laute der Muttersprache, die sich mit den Lauten der Klänge verbinden, um alle Gefühle einer längst bekannten Heimat auch auf fremdem Boden wiedererstehen zu lassen. In solchem Zusammenhang gilt es, den Autor und seine Bücher und damit seine Leistung wieder gegenwärtig zu machen: Paul Walter Jacob, mit den Büchern: „Rampenlicht", Köpfe der Literatur und des Theaters, „Zeitklänge", Dirigenten-Profile und Komponisten-Porträts".

Paul Walter Jacob, gebürtiger Rheinländer, studierte an der Universität Berlin, an der Musikhochschule und der Theaterschule von Reinhardts Deutschem Theater Kunst-, Literatur- und Musikgeschichte. Er war Assistent am Berliner Staatstheater, Schauspieler, Regisseur, Dramaturg und Dirigent an den Städtischen Bühnen in Koblenz, Lübeck, Dessau, Barmen-Elberfeld, Essen und Köln, so seine künstlerische Entwicklung.

Am 31. März 1933 verließ er Deutschland, lebte als Kritiker in Amsterdam und Paris, als Regisseur in Luxemburg und in der Tschechoslowakei.

1939 kam er nach Buenos Aires, wo er 1940 die „Freie Deutsche Bühne" gründete.

Eine Gruppe Schauspieler in der Emigration spielt deutsches Theater in Buenos Aires. Auch eine Anzahl Laienspieler waren an diesem außergewöhnlichen Vorhaben beteiligt. Wenn man liest, was Paul Walter Jacob in seinem Buch „Fünf Jahre Freie Deutsche Bühne" berichtet, so bleibt dieses Brevier ein Dokument unserer Zeit, recht eigentlich für Kulturhistoriker ein ziemlich einmaliger Bericht in Sachen Theaterwissenschaft.

Gutes Theater zu sehen, bekannte Texte wieder zu hören und neue erstmalig in sich aufzunehmen, alles dies in der wohl einzigen Sprache, die zu unserem Herzen spricht, gehört zu den Folgen einer erzwungenen Wanderung, die durch den Druck einer böswilligen Umwelt zur geistigen Freiheit der Emigranten Außerordentliches beigetragen hat.

Wir müssen an dieser Stelle den Autor selbst zitieren, der die damalige Situation so treffend umschreibt: „Es hat Zeiten künstlerischen und wissenschaftlichen Aufstiegs und Niedergangs gegeben, Zeiten, in denen sich der Schwerpunkt menschlichen Schaffens verschoben hat, von einem Land zum anderen, ja von einem Erdteil zum andern wanderte, und wir stehen vielleicht inmitten einer solchen Kulturwanderung." Wenn der Autor unterstreicht: „So ist keine Beschäftigung mit geistigen und künstlerischen Dingen wertlos", so zeigt es sich hier mit Deutlichkeit, und wir übersehen dies heute noch besser als im Jahre 1945, daß die Muttersprache, von der Bühne eines Theaters ausgehend, in Wahrheit zu einer Heimat der Heimatlosen wurde.

Man hat damals gesagt, daß das Buch von Paul Walter Jacob nicht nur zum Verständnis der Musik beigetragen hat, sondern daß die „Zeitklänge" uns auch die Kenntnisse unserer Zeit übermittelt haben. Das Buch „Rampenlicht" ist besonders dankbar deswegen aufgenommen worden, weil die Zeiterscheinungen der „skrupellosen Propagandisten" und „machtvollen Propagandamaschine" von dem Künstler und seiner Musik überwunden werden konnten.

Paul Walter Jacob hat mit dieser seiner Arbeit und zahlreichen Büchern, auch in spanischer Sprache, den Emigranten sehr über traurige Stunden hinweggeholfen. Selten hat sich künstlerisches Schaffen und seine Verbreitung so segensvoll dargestellt wie unter Menschen, die zwangsweise auf der Suche nach einer geistigen Heimat waren. Paul Walter Jacob kehrte nach dem Krieg in die Bundesrepublik zurück. Er hat als Generalmusikdirektor, als Regisseur und Schauspieler vieles von dem in die Realität der wirklichen Heimat zurückgetragen, was in der geistigen entstanden ist. Man sollte übrigens niemals verkennen, daß Vertreibungen, und damit Veränderungen im persönlichen Lebensbereich, nicht unbedingt nur schwer überwindbare Hindernisse aufzubauen pflegen. Auch hier gilt der Satz: „Das Leben ist kein statisches Ereignis. Es wechseln nicht nur Landschaften und Menschen, mit ihnen ändert sich der in solche Betriebsamkeit hineingeworfene Wanderer". Denn es gilt auch weiterhin der Satz, man komme nicht so aus dem Flusse heraus, wie man in ihn hineingestiegen sei. Ein wenig von diesen Tatsachen spürt ja schon der Reisende, der als Tourist fremde Menschen, ungewöhnliche Bauwerke und eigenartige Landschaften sucht. Aber naturgemäß sieht der, der auszog, um zu bleiben, und nicht ging, um zurückzukehren, sich in ganz anderer und bedrängender Form von einem ihm gefährlich erscheinenden Schicksal bedroht oder auch – dies soll nicht verheimlicht werden – von glücklichen Situationen verwöhnt. Es bleibt gewiß, daß alle die Dinge, die sich auf den Wanderungen ereignet haben, zur Stärkung der Persönlichkeit beitrugen, besonders in dem Moment, in dem er mit geschärftem Blick für das Ferne und das Nahe wieder dort siedelt, wo seine Muttersprache Geltung hat.

Das hat naturgemäß schon die Bibel gewußt, sei es, daß Gott selbst sie in der uns vertrauten Form verkündet hat, sei es, daß menschlicher Geist an ihrer Entstehung mitwirkte. Die in ihr geschilderten Wanderungen waren nicht ins Leere gerichtet und ohne Sinn, die Zeit, über die sie sich erstreckten, war nicht vergeudet, selbst dann nicht, wenn das äußere Blickfeld nur Sandstürme und wegloses Land kennzeichneten und ständig Täuschungen durch eine neue Fata Morgana anboten. Aber der Mensch wurde fester und sicherer, er lernte Schein und Wirklichkeit zu unterscheiden. „Wir gingen durch all jene große und furchtbare Wüste, die ihr gesehen habt."

Es war nicht ohne weiteres zu erwarten, aber es ergibt sich leicht aus dem, was gerade über menschliches Streben gesagt wurde, daß man der Kenntnis der bunten Welt zur eigenen Stärkung bedarf: der Emigrant, einmal angestoßen zur großen Wanderung, beginnt ganz vorsichtig, sobald materielle Grundlagen es erlauben, das Umfeld, in dem er jetzt zu leben hat, zu erkunden. Aber sobald ihm das möglich ist, versucht er Ausflüge über seinen Kontinent hinaus. Mit der Schilderung, was es dort zu sehen und aufzuspüren gilt, kommt er, trotz langen Aufenthalts in der Fremde, wieder in die Gleise der Muttersprache. Wir nehmen uns eines Buches an, das nach Ablauf der bösen Jahre von einem Emigranten aus Buenos Aires 1948 veröffentlicht wurde: Dr. Bruno Weil „Durch drei Kontinente".

Es ist schon bezeichnend, in der Einleitung des Buches wieder ein Gedicht von Heinrich Heine zu lesen, in dem Amerika, die neue Welt, einen Vorzug gegenüber dem „Kirchhof der Romantik, alten Scherbenberg" genießt. Obwohl der Verfasser Schweden, Italien, Holland und England besuchte, bleibt die Überschrift: „Amerika, du hast es besser." Daher auch das Heine-Zitat:

„Dieses ist Amerika!
Dieses ist die neue Welt!
Nicht die heutige, die schon
Europäisieret abwelkt."

Aus heutiger Sicht scheint Heine im Irrtum, die Zielrichtung des Autors wird deutlich. Wer ist dieser Autor? Jurist, Schriftsteller und Redner, wurde 1883 in Saarlouis geboren, studierte in München und Straßburg, wo er sich als Rechtsanwalt niederließ, war Demokrat, politischer Führer und Verteidiger der politischen Parteien. Nach dem Ersten Weltkrieg ging Weil nach Berlin, wo er 1926 Vizepräsident des Zentralvereins deutscher Staatsbürger jüdischen Glaubens wurde. 1935 verließ er Deutschland und ging nach Nord- und Südamerika. Er wurde argentinischer Bürger. Bei Ausbruch des Zweiten Weltkrieges, im Jahre 1939, war er in Paris und konnte aus einem KZ-Lager in Frankreich entfliehen. Groß ist die Anzahl der juristischen, politischen, historischen und jüdischen Schriften, die in der deutschen Muttersprache erschienen und dann in die spanische und französische Sprache übersetzt wurden.

Es ist selbst heute noch spannend zu lesen, welchen Fortschritt wir nach 45 Jahren in unseren Reisemöglichkeiten gemacht haben: „Das Flugzeug hat die große Revolution gebracht. Das schnellste Schiff zwischen New York und Buenos Aires braucht auch heute noch 18 Tage und Nächte. Vor kurzer Zeit kürzten Flugzeuge die Zeit auf vier Tage. Heute schraubt der DC 6, fantastisches Riesenroß der Luft, viele Tausend Meter hoch, mit ungeheurer Geschwindigkeit durch die 10000 km

Luftlinie von Buenos Aires nach Miami, der südlichen Landesstelle der Vereinigten Staaten, in 19½ Stunden."

Weil stellt in seinem Buch die Beziehungen der drei Erdteile zueinander dar. Im ersten Teil wird den Lateinamerikanern die angelsächsische Welt gezeigt, den Nordamerikanern die lateinischen Länder. Europa lernt einen Kontinent kennen, der für viele nach dem Unheil des Krieges Ziel ihrer Auswanderung ist. Der zweite Teil beinhaltet die Europareise: Schweden, Schweiz, Italien, Holland und England. Der dritte Teil bringt die Problematik zu Europa ohne Deutschland, auch die Behauptung, daß die Ruinen und der Schutt der neuen europäischen Ordnung hindernd im Wege stehen. Der Schatten des Besiegten lagere auf Siegern und Neutralen.

Es bleibt für uns auch heute noch spannend, festzustellen, inwieweit sich Prophezeiungen in einer Zeit, die noch gar nicht so lange von der unsrigen entfernt ist, erfüllt oder nicht erfüllt haben. Aussagen über die Entwicklung des jüdischen Problems sind für die, die überlebt haben und das Glück hatten, die geschichtliche Wahrheit zu überprüfen, von besonderem Interesse. Eine schon historische Frage, gestellt an eine historische Persönlichkeit von außerordentlicher geistiger Bedeutung, wird in dem Buch von Bruno Weil geschildert. Er hat mit Rabbiner Dr. Baeck in London darüber diskutiert, ob es wieder ein deutsches Judentum geben würde oder nicht. „Wo sollten die Juden herkommen? Wie viele werden nach Deutschland zurückgehen, werden unter denen, die bleiben, auch jüngere Menschen sein, auf denen eine Zukunft aufgebaut werden kann, oder wird es sich wie bei einem großen Baum nur um einen absterbenden Ast handeln, dessen Zeit gekommen ist?"

Keinesfalls voraussehbar waren Möglichkeiten für das Überleben des Judentums in deutschen Landen. Wir haben keine Veranlassung, uns über die negative Antwort von Rabbiner Baeck zu wundern. Nach Beendigung des Krieges war man in Freiburg davon überzeugt – und da gab es wohl keinen Unterschied zu anderen Städten –, daß es besser sei, sich mit einem kleinen Haus zu bescheiden und mit dem Friedhof, der, rein äußerlich, die schwierigen Verfolgungszeiten ohne nennenswerte Schäden überstanden hat. Aber es war sehr schwierig, innerhalb der Israelitischen Gemeinde Freiburg eine Mehrheit für das Vorhaben eines neuen Synagogenbaus zu finden. Dafür gab es, und es gibt sie noch, zwei Begründungen: Es ist durchaus angebracht, daß in dem Lande, in dem die Gotteshäuser in Flammen aufgingen, dafür Sorge zu tragen ist, daß jüdische Menschen dort beten können und daß ihre christlichen Freunde auch selbst davon Kenntnis nehmen, was jüdische Religiösität bedeutet. Noch schwieriger war die zweite Begründung durchzusetzen. Dies ist zwischenzeitlich leichter geworden, weil eine als Prophezeiung belächelte Aussage von der Realität überholt wurde. Wir hatten unsere Auffassung vertreten, man könne nicht wissen, was die Vorsehung mit den Juden und ihrer Geschichte in unserer Heimat in Planung habe. Dies erschien so ungewöhnlich und die Berufung auf eine denkende Vorsehung so ungewöhnlich kindlich, daß diese Argumentation von dem größeren Teil der Gemeindemitglieder nicht mitgetragen wurde.

Die Synagoge steht, ein schöner Saal für jedwede Veranstaltung ist vorhanden, die Beter sind uns, auf wessen Veranlassung auch immer, überstellt worden. Unsere Glaubensgenossen aus Rußland beten mit uns das „Höre Israel ..." und danken für ihre Rettung dem Gott ihrer Väter.

Und wenn auch für viele dieser Zuwanderer ein religiöses Bedürfnis bislang oft nicht bestand, wenn die Voraussetzungen der Tradition nicht gegeben oder einfach vom Staat nicht erlaubt wurden, so hat sich herausgestellt, daß eine Synagoge für die Heimatlosen und insbesondere ihre Kinder durchaus Heimat zu werden verspricht, wenn sich die alten hebräischen Buchstaben zu uralten Melodien am Sabbat und an Festtagen zu formen beginnen. Und wenn wir in unserer Thematik verbleiben, daß Muttersprache für Heimatlose auch eine Heimat zu gründen versteht, so gibt es auch hier ein sehr gut nachzuprüfendes Beispiel. Die israelitische Gemeinde Freiburg versendet regelmäßig an ihre Mitglieder Rundbriefe, in denen Einzelheiten über Gottesdienste und Veranstaltungen, traurige und freudige Nachrichten in Umlauf gesetzt werden. Seit wir auf die aus Rußland kommenden Gemeindemitglieder zählen dürfen, wird auf der Rückseite dieser Rundbriefe in russischer Sprache und kyrillischer Schrift das Programm wiederholt, dies in der sicheren Hoffnung, daß die Muttersprache zur Heimatfindung beiträgt.

Dr. Bruno Weil nimmt noch mit einer anderen Antwort zu der Aussage des Rabbiner Dr. Leo Baeck Stellung: „Ich glaube nicht an ein zukünftiges deutsches Judentum, aber was mich mit besonderer Sorge erfüllt, ist die Frage des holländischen, belgischen, luxemburgischen, französischen, Schweizer Judentums. Diese Gemeinschaften sind zahlenmäßig zu schwach, als daß sie ohne einen geistigen Zusammenhang mit anderen ein fruchtbares, religiöses und jüdisches Leben führen könnten. Es fehlen ihnen auch vielfach die rabbinischen und anderen Institutionen, die als geistige Basis unentbehrlich sind. Es müßte eine Form des Zusammenschlusses für die west- und mitteleuropäischen Gemeinschaften gefunden werden, die ihnen nicht allein die Erhaltung, sondern die geistige Weiterentwicklung und die religiöse Vertiefung erlauben würde."

Als ob diese prophetischen Worte in unseren Tagen und für unsere Zeit niedergeschrieben wurden. Genau dies: Die rabbinischen Institutionen, deren wir als geistiger Basis bedürfen, wo finden wir sie? Wir streben ja nicht nur die Erhaltung unserer Traditionen an, sondern erwarten die geistige Weiterentwicklung.

Das europäische und insbesondere das deutsche Judentum sucht mit allen bewußten und unbewußten Kräften seiner jüdischen Seele jene Männer und Frauen, ja auch die Frauen, deren geistige, kreative und religiöse Durchsetzungskräfte die Traditionen an der Stelle fortsetzen, an denen sie in Krieg und Flammen zu ersticken drohten. Die Aussage der jüdischen Religion hat sich niemals damit begnügt, über die am Berge Sinai verkündeten Worte nicht hinausgehen zu wollen. Die besten Köpfe ihres Volkes waren seit Jahrtausenden bemüht, die einmal verkündeten Grundwahrheiten jeweils in die geistige Form umzugießen, die dem Jahrhundert genehm war, in dem jüdische

Menschen ein niemals aussetzendes Bedürfnis spürten, die Wahrheit ihres Lebensweges kennenzulernen. Es ist schon erstaunlich, daß Dr. Leo Baeck mit dieser Ahnung aus Theresienstadt zurückkam, daß auch, nur mit seinem Überleben, die rabbinische Zukunft noch nicht gerettet sei.

Aber, so fragen wir an dieser Stelle, sollen sich nicht gerade in unseren Tagen die Träume von einem vereinigten Europa politisch und wirtschaftlich in die Wirklichkeit umsetzen? Und ist da nicht auch eine geistige Realität angesprochen, und nicht etwa auch für das europäische Judentum, oder gerade für dieses Judentum, die noch überlebenden Zeugen einer blutigen Vergangenheit?

Woher sollten sie kommen, die im Geist das Leben von heute aus einer großen Vergangenheit weiterzuentwickeln in der Lage sind? Wir glauben, aus dem Heiligen Lande, aus Israel, denn von dort soll sich die Lehre ausbreiten über die ganze Welt. Und wenn es auch durchaus notwendig sein wird, daß wieder und immer wieder ein Schaliach, ein Bote, aus Israel kommt, auf daß wir nicht vergessen unsern Schekel, unseren Beitrag dafür zu zahlen, daß Juden eine sichere Heimstätte haben, so wird es doch immer wichtiger und wichtiger werden, daß die geistigen Ströme aus dem Lande der Verheißung ihren Fluß auch dorthin nehmen, wo die Diaspora, auf der jüdischen Muttersprache fußend,ihre weitere Heimat sucht. So wie Jahre hindurch jüdische Menschen befruchtend auf europäisches Leben eingewirkt haben, so wie vielversprechende Freundschaften – man denke an Mendelssohn und Lessing – entstanden, so wäre wohl gerade in dem Augenblick eines Neubeginns hier der Aufruf erfolgversprechend, die Schätze jüdischer Überlieferung in die Fortentwicklung einzubringen.

Wir dürfen noch einmal in das Regal der Bücher greifen und einen Band hervorziehen, der auf Grund seines Einbandes, des verwendeten Papiers und der Druck-Typen sich leicht als eines der literarischen Erzeugnisse ausweist, die von dem sehr verdienstvollen Verlag Cosmopolita in Buenos Aires im Jahre 1949 veröffentlicht wurden. Wir haben aus verschiedenen Gründen Veranlassung, uns mit diesem Buch „Der Eid des Hippokrates" zu beschäftigen. Der Verfasser ist Richard Otto Frankfurter, der das Thema nicht nur in einem sehr guten literarischen Stil vor uns ausbreitet, sondern, ohne das natürlich seinerzeit wissen zu können, rechtliche Konsequenzen von seiten der damaligen Machthaber behandelt, die bis auf den heutigen Tag zu harten Diskussionen Anlaß geben. Warum trägt dieses Buch diesen Titel? Im Jahre 460 vor unserer Zeitrechnung lebte auf der Insel Kos der Arzt Hippokrates, der nach unserer Kenntnis vielleicht erstmalig ärztliches und menschliches Ethos zu vereinen wußte. Er ließ die Ärzte einen Eid schwören, der bis auf die heutigen Tage seine Gültigkeit nicht verloren hat. In ihm findet sich der Satz: „Ich werde keinem, auch wenn er mich darum bittet, ein tödliches Mittel reichen, noch will ich dazu eine Anleitung geben." Dr. Richard O. Frankfurter wurde 1873 in Österreich-Schlesien geboren, studierte Rechtswissenschaft, widmete sich nach seiner Niederlassung als Rechtsanwalt im Jahre 1900 der Politik und war Mitarbeiter großer liberaler

Zeitungen. Als Mitbegründer der Deutschen Demokratischen Partei war er Abgeordneter des Reichstages, verließ nach der Machtergreifung Hitlers Deutschland und kam 1939 über Zürich nach Montevideo, Uruguay.

Literatur, Beschäftigung mit den Problemen der Zeit war in der Familie Frankfurter seit eh und je Tradition. Frankfurter war Syndikus des Bühnenvereins, Autorität auf dem Gebiet des Theaterwesens, des Verlagsrechts und des Urheberrechtsschutzes.

Aber noch mehr: Mit dem Pseudonym „Ulrich" war Ulla Frankfurter, gestorben 1924 in Berlin, Roman- und Novellenschriftstellerin: In diesen Werken, auch in Theaterstücken, schildert sie jüdisches Milieu.

Ulla Frankfurter, Mutter von Otto Frankfurter, war Enkelin von Akiba Eger, dem berühmten Rabbi, der 1761 in Ungarn geboren wurde und 1837 in Posen starb. Dieser Berufung nach Posen ging eine Art Kulturkampf voran. Es ist auch heute noch interessant zu beobachten, welche geistigen Interessen die Juden trotz oft bestehender materieller Schwierigkeiten immer gezeigt haben. Vor seiner Berufung wandten sich die Gemeindemitglieder an den Oberpräsidenten der Provinz Posen gegen den angeblichen Fanatiker Akiba, dessen Wahl „dem Zeitalter zum Vorwurf gereicht und das Gefühl empören muß". Dabei hatte er durchaus Verständnis für die Emanzipationsbestrebungen und durch Unterricht, Schriften und Lehrmethoden einen erheblichen Einfluß auf die jüdische Gelehrtenwelt. Seine Rechtsgutachten wurden außerordentlich geschätzt. Von Nichtjuden wurde er als „Papst der

Juden“ bezeichnet. Interessant für unsere Thematik ist die Hinneigung des Rabbi Akiba zu der hebräischen Sprache als, wir würden sagen, der Muttersprache, und somit seiner Aussage, wenn der öffentliche Gottesdienst nicht in hebräischer Sprache stattfinden könnte, so möge er lieber gar nicht abgehalten werden.

In dem Roman ist der Träger des Geschehens ein Arzt, der auf Grund verbrecherischer Experimente während der Hitler-Jahre zum Tode verurteilt wurde und in seiner Zelle vor seiner Hinrichtung die Geschichte seines Lebens niederschreibt. Im Verlauf dieses privaten Bekenntnisses beginnt er nach und nach zu verstehen, daß moralische Gesetze ihm niemals hätten gestatten dürfen, mit gesunden Menschen Experimente durchzuführen, die unter unsäglichen Qualen zum sicheren Tode führen mußten. Der uralte Eid des Hippokrates stand dagegen und war sein persönlicher Hinderungsgrund, ein Begnadigungsgesuch einzureichen, das vermutlich Erfolg gehabt hätte.

Es wird heute wieder die Frage diskutiert, in welcher Form das sogenannte „Recht“ des NS-Staates zu bewerten sei. Wir hören noch alle die Aussage des ehemaligen Baden-Württembergischen Ministerpräsidenten Filbinger: „Was damals Recht war, kann heute nicht Unrecht sein.“ Wäre ein solcher Ausspruch wirklich rechtens, dann hätte unsere Romanfigur nicht verurteilt werden dürfen. Nach dem Verständnis anderer Rechsphilosophen fehle aber den nationalsozialistischen „gesetzlichen“ Grundlagen die wirkliche Rechtskraft, sie seien in Wahrheit Unrecht und nach den Normen des Naturrechts zu beurteilen.

In den dunklen Jahren des Nationalsozialismus hat ganz offenbar auch keiner der amtierenden Juristen an das Goethe-Wort gedacht: „Vom Rechte, das mit uns geboren ist, von dem ist leider nie die Frage." Wieder einmal hat ganz offenbar der Psalmist recht: „Gerechtigkeit und Friede haben sich geküßt" (Psalm 85, 11).

Dieser Weg wurde bis zum Jahre 1945 schon gar nicht gefunden und scheint auch heute noch nicht entdeckt zu sein. Damals wie heute fehlt der Mut zur Entscheidung. Gustav Radbruch hat dies so formuliert:

„Vorzeiten tat uns der Psalmist zu wissen,
daß sich Gerechtigkeit und Friede küssen.
Zwei Dinge, schwer zu einigen hienieden:
das gute Recht, der liebe Frieden.
Kein Mittelweg, auch nicht in diesem Buch –
ein echter, rechter, schroffer Widerspruch,
die Lösung dem Entschluß anheim gegeben.
Mut zur Entscheidung – das allein ist Leben."

Gustav Radbruch hat schon in einem Anhang zur vierten Auflage seiner „Rechtsphilosophie" (1950) geschrieben – „mit seiner Überzeugung ‚Gesetz ist Gesetz' wurde der deutsche Juristenstand wehrlos gemacht gegen Gesetze willkürlichen und verbrecherischen Inhalts".

Man solle nun nicht glauben, der Emigrant sei nur bestrebt gewesen, leichte und schnell lesbare Lektüre in sich aufzunehmen. Solange das Lesen in deutscher Sprache möglich war, wurde auch sehr gerne von dem Angebot Gebrauch gemacht, sich Wissensgebiete anzueignen, die einem bislang überhaupt unbekannt geblieben waren, oder sich dort zu vervollkommnen, wo Kenntnisse vorhanden waren, die lediglich auf den neuesten Stand gebracht werden mußten. Zu solchen Büchern gehört der Titel „Die unteilbare Freiheit", ein Buch, das im Jahre 1941 im Verlag Alemann Y Cia, Buenos Aires, erschienen ist.

Im Zentrum seiner Abhandlung verweist der Autor Silberstein auf den Historiker Leopold von Ranke, der in seinem Werk „Die großen Mächte" den „Weltmoment" in die Diskussion einführte. Etwa in folgender Form: „... den Weltmoment, in dem wir uns befinden, deutlicher und unzweifelhafter, als es gewöhnlich geschehen mag, zur Anschauung zu bringen".

Auf solche Worte Rankes verweist Silberstein, wenn er sich mit dem Ausgang der Auseinandersetzung mit dem Nationalsozialismus befaßt. „Das ist der Weltmoment. In ihm wird entschieden, ob barbarische Wahngebilde oder jene Ideen herrschen sollen, die die Neuzeit bisher trugen und die in ihrer Verbindung zu einem neuen Lebensstil drängen."

Aus unserem Blickwinkel gesehen, erscheint solche Aussage nicht besonders aufschlußreich. Aber vergessen wir nicht, niedergeschrieben wurde sie im Jahre 1941. Naturgemäß hören wir heute gern: „Friede kann nur werden in einem gesundeten und verjüngten Europa." Selbst unter den traurigen Verhältnissen der damaligen Jahre erweist sich der Verfasser des Buches als ein echter Gläubiger, wenn es um die Wirkung von Ideen geht, da nur so die „Menschheit sich von der Tierheit unterscheidet".

Die Anmerkung, es sei nicht nur die „leichte Lektüre" in ihrer Muttersprache gewesen, der sich die Emigranten auf fremder Erde zuwandten, es habe auch weiterhin der Wunsch des Lernens und der Fortbildung bestanden, findet ihre Bestätigung in dem Buch, dem wir uns jetzt zuwenden möchten. Ich tue das mit dankbarem Herzen in Erinnerung an meinen Freund Peter Bussemeyer, einstmals an der Schreibmaschine neben mir sitzend im Redaktionssaaal des „Argentinischen Tageblatts", aber viel mehr als nur das: wir wohnten in demselben Vorort, El Palomar, 25 km vom Stadtzentrum von Buenos Aires entfernt, wir konnten einander besuchen und hatten gute Gespräche. Oder in jener kleinen Buchhandlung im Zentrum der Millionenstadt, die er mit seiner Lebenspartnerin oft betreute und in der manches alte und manches neue Buch reichen Diskussionsstoff boten im Hinblick auf die Jahre, die wir beide durchleben durften.

Eine einprägsame, eine nicht zu übersehende große und stattliche Erscheinung, mein Freund Peter Bussemeyer. Aus alter preußischer Beamtenfamilie stammend, schien er für die Militärkarriere bestimmt – das Gerücht ging, er habe eine Zeit hindurch in einer Kadettenanstalt gedient – und gelangte schließlich zum Studium an die Universitäten Berlin und Frankfurt a. M. Geschichte und Philosophie waren die Themen, mit denen er sich in seiner Arbeit und in seiner Freizeit beschäftigte. Daß er dem Seminar des Geschichtsphilosophen und Soziologen Professor Kurt Breysig angehört hatte, war sein großer Stolz. Breysig, der 1940 starb, suchte geschichtliche Gesetze aufzuzeigen und beeinflußte Spenglers Denken.

Bussemeyer trat in die Redaktion der „Frankfurter Zeitung" ein und ging nach längeren Reisen durch Europa und Afrika zu Beginn des Jahres 1931 als Korrespondent dieser Zeitung nach Argentinien. Seine Mitarbeit gab er auf, als die deutsche Presse gleichgeschaltet wurde. Im Jahre 1935 wurde er unter sorgfältiger Anführung seiner persönlichen Daten im Reichsgesetzblatt „ausgebürgert". Diese sehr individuelle Ausbürgerung, nicht etwa als Mitglied einer Gruppe, einer Vereinigung, einer Religionszugehörigkeit, war für den Kämpfer Peter Bussemeyer ein Lob seiner Arbeit, wie er es besser kaum erwarten konnte. Er war geradezu dankbar dafür. Und wie wir vorab dargestellt haben, daß Paul Zech es nicht damit genug sein ließ, in Versen sich der Vergangenheit zu erinnern, sondern mit seinen Gedichten eine Einführung in die neue Heimat gab, so auch Bussemeyer. Für das „Argentinische Tageblatt" und verschiedene Presseagenturen machte er sich auf langen Reisen mit der Geschichte seiner neuen Heimat vertraut. Zu erwähnen wären „50 Jahre Argentinisches Tageblatt – Werden und Aufstieg einer auslandsdeutschen Zeitung" und „Die ersten 150 Jahre" anläßlich der 150. Wiederkehr des Tages der Mairevolution sowie eine längere Studie über die Indianer der Missionen. Dies waren einige Früchte seiner Reisen und Studien. Gedichtbändchen und Übersetzungen aus der spanischen und englischen Sprache in die „Muttersprache" liegen vor.

Im Jahre 1964 erschien in den argentinischen Nationalfarben weiß-blau eingebunden ein kleiner Band „Argentinien – 1810 bis zur Gegenwart – Geburt und Werden eines Staates." Man sollte aus dem Vorwort des Verfassers zitieren: „Diese Geschichte wurde von Argentinien aus geschrieben und möchte aufklären." Abgeschlossen auf Seite 175 wird das Büchlein mit einem Zitat der „Financial Times" (London): „Das Leiden Argentiniens ist nur ein Leiden durch die Schmerzen bei dem Versuch, eine nationale Wiederauferstehung herbeizuführen ... Die Aussichten sind also gut, wenn auch das Argentinien von 1965 noch einen langen Weg zurückzulegen haben wird, bevor es die Energie Argentiniens aus der Zeit der Wende vom neunzehnten zum zwanzigsten Jahrhundert wiedererlangt hat."

Die Prophezeiung hat sich als richtig erwiesen. Bei den großen Wanderbewegungen unserer Zeit wäre es vielleicht gar nicht so abwegig, die Worte des Autors noch deutlicher zu machen, mit denen am Anfang der Republik neben dem Willen zur staatlichen Unabhängigkeit als das eigentliche Motto verkündet wurde: „Gobernar es poblar" – „Regieren heißt bevölkern". Es gibt noch viel Raum in Argentinien. In der Sprache der Heimat, der alten Heimat, Zutrauen für die neue Heimat zu erwecken, dürfte meinem Freund Peter Bussemeyer, dem mein Gedenken über das Grab hinaus gewiß ist, wohlgelungen sein.

Unser Thema wird besonders gut begründet und bewiesen, wenn es uns gelingt, Emigranten bei ihrer Auswanderung, beim Versuch, die neue Heimat zu gewinnen, zu beobachten. Ihre Lebensaufgabe ist recht eigentlich immer gewesen, deutsche Sprache, Literatur, wissenschaftliches Denken in den Universitäten zu lehren. Wenn diese Männer und Frauen, nicht wegen politischer Zugehörigkeiten, nicht mit dem Erbe mißliebiger Religionen belastet, den Weg in die Emigration fanden, muß dies für solche Persönlichkeiten besonders schwierig gewesen sein. In meinem Besitz befindet sich, mit einer persönlichen Widmung des Verfassers, ein Gedicht- und Gratulationsband mit dem Titel „Lenz im Herbst – Festschrift für Werner Bock zu seinem 60. Geburtstag", herausgegeben von der Academia Goetheana – Buenos Aires 1954, in Deutschland verbreitet von der „Vertriebsstelle, Herder Verlagsauslieferung". Der Verfasser hat diese Verse Goethes vorangestellt:

„Nichts vom Vergänglichen,
Wie's auch geschah!
Uns zu verewigen,
Sind wir ja da."

Werner Bock hat es verdient. Namen mit Ruhm und Klang denken in diesem Buch an ihn an seinem Ehrentage mit Verehrung und Dankbarkeit. „Was vielen der Leidensgenossen Werner Bocks, welche das Dritte Reich aus dem heimatlichen Lebensraum vertrieb, zum Unheil wurde (durch die materiellen Konsequenzen der Flüchtlingschaft, durch die Last eines unüberwindlichen Ressentiments gegenüber einem grausamen Vaterland, durch die Ambivalenzwirkung eines verlorenen, sehnsüchtig zurückgewünschten Einst und eines erhofften – nie erreichten – Jetzt, durch die alle schöpferische Kraft aufzehrende Scheinanpassung an neue Gegebenheiten), das hat Werner Bock in Segen zu verwandeln vermocht."

Aus Bolivien kam zum 60. Geburtstag von Werner Bock ein ausführliches Glückwunschschreiben von Gert Conitzer, das sehr deutlich Bezug nimmt auf die Gründe, derentwegen Werner Bock sein heimatliches Gießen verließ, in dem fünf Generationen seiner Familie gelebt hatten: „Heim ist allerdings auch das Land, in dem die Marter war, der Hunger, die Kälte, Ohrfeigen, Erniedrigung und Verbrennungsöfen, das Land, wo wir Goethes Verse und Mozarts Melodie im Konzentrationslager hörten ... Dort wollte man mir und anderen das Deutschtum austreiben. Es ist nur unvollkommen gelungen , nein, es ist nicht gelungen. Die Sprache ist treu geblieben."

Die deutsche Entwicklung nach 1933 hat Werner Bock in die Fremde getrieben. 1893 in Gießen geboren, Sohn des hessischen Erzählers Alfred Bock, studierte Werner Germanistik und Kunstgeschichte und kehrte aus dem Ersten Weltkrieg als Offizier zurück. Mit Hitlerdeutschland vermochte er sich nicht anzufreunden, er wanderte im Jahre 1939 nach Südamerika aus. Seine Arbeiten als Professor der deutschen Literatur in Montevideo, Uruguay, seine Aufrufe, Novellen, Reise- und Stimmungsbilder hatten ihm eine Unzahl Freunde in Wissenschaft, Kunst und Literatur verschafft.

Werner Bock: die unerhört große Anzahl seiner Veröffentlichungen, die Anerkennung, die er für seine Arbeit außerhalb der Heimat in dieser seiner Heimat gefunden hat, scheinen jenem Satz Wahrheit zuzuweisen: Es muß einen Sinn haben, daß immer wieder und wieder Menschen und Völker in allen Erdteilen zur Auswanderung gezwungen werden. Es muß den Sinn haben, daß durch die Töne anderer Sprachen, den Blick auf nicht gekannte Gesichter, bislang fremde Landschaften dem, dem dies alles widerfährt, sehr deutlich gemacht wird:

Reiche des Geistes und Reiche der Liebe dehnen sich bis zum Endpunkt der Erde.

Unter den Geburtstagsbriefen mit dem Datum Mitte September 1953 finden sich die Gedanken eines Otto Heuschele, der, im Jahre 1900 in Waiblingen geboren, in der deutschen Literatur kein Unbekannter ist: „Dann geschah das Unbegreifliche: die Deutschen entfremdeten sich ihrem eigenen besten Selbst, sie verleugneten das große Erbe des humanen Geistes. Das bedeutet für sie den Verlust der geliebten Heimat, den Weg ins Exil, in die Fremde. Eine Heimsuchung ohnegleichen ..."

Der in Südamerika zu viel Ruhm gelangte Emigranten-Maler Pablo Fabisch widmete dem „Kulturträger, Dichter und Menschen" eine Hoffnung symbolisierende Zeichnung, Pflanzen und Blätter einer Natur, die in diesen Jahren von seiten des Menschen in Südamerika noch keinen Angriffen ausgesetzt war.

Hermann Hesse übermittelt dem Geburtstagskind handschriftlich sein Gedicht „Vergänglichkeit". – „Vom Baum des Lebens fällt mir Blatt um Blatt." Es ist aus Anlaß eines Geburtstages eher ein zu traurigem Nachdenken anregendes Gedicht: „Was heut noch glüht, ist bald versunken."

Die Verse enden: „Nur die ewige Mutter bleibt, von der wir kamen. Ihr spielender Finger schreibt in die flüchtige Luft unsere Namen."

Wir glaubten, auch Werner Bocks Namen sollte dort stehen, wenn der Muttersprache im Exil gedacht wurde.

VI. Der Herr des Universums

Vielseitig war die Auswahl, wenn dem Leser die Möglichkeit der Lektüre in seiner Muttersprache angeboten wurde. Dieses Angebot ging sehr oft, und besonders für jüdische Menschen, von der Annahme aus, Südamerika sei nicht der Endpunkt einer Wanderung, die möglicherweise noch nach Palästina führen könne. So erschien im Jahre 1949 im Verlag „Estrellas" in Buenos Aires von Dr. Hardi Swarsenzky das Buch „Eroberung durch Aufbau – Ein Beitrag zur Geschichte der jüdischen Kolonisation in Israel". Eine geographische, historische und politische Palästinakunde wird vorgelegt. In der Einleitung erkennt der Autor selbst zwei Schwierigkeiten an, die den Wert des Buches beeinträchtigen und seiner Verbreitung hinderlich sein könnten. Zehn Jahre sind vergangen, seit der Verfasser selbst in Palästina gewesen war. Er stellt mit Bedauern fest, daß es ihm in den letzten Jahren nicht möglich war, in „unser Land" zu reisen. Unter Berücksichtigung der vielen Möglichkeiten, die heute eine solche Reise für jedermann vorsehen, wird uns deutlich, um wieviel leichter uns heute Kenntnisse zwischen den Völkern vermittelt werden, als dies vor gut 40 Jahren möglich war, wo man sich mit einem mehr oder minder trockenen Handbuch-Text abzufinden hatte. Auch diese Schwierigkeit erkennt der Autor in seinem Vorwort an. Er glaubt nicht, daß seine „ernste zionistische Literatur dem Publikumsgeschmack entspräche". Daß er ungeachtet seiner eigenen Einschätzung sich der Muttersprache bediente, um Ausblicke von Heimat zu Heimat zu geben, von der deutschen zu einer jüdischen, rechtfertigt es, daß wir solcher Arbeit an dieser Stelle dankbar gedenken.

In diesem Sinne hat sich Hardi Swarsenzky in Südamerika viele Verdienste erworben. Eine Zeitschrift „Porvenir" gab er zusammen mit Günter Friedländer in den Jahren 42/44 heraus. Ebenfalls in deutscher Sprache erschien eine jüdische Wochenzeitung, durchaus eine Notwendigkeit für die jüdischen Emigranten, die nach und nach eine Reihe von Religionsgemeinden gründeten, in denen, wie in der verlorenen Heimat, neben der hebräischen auch die deutsche Sprache ihren angestammten Platz hatte. In zwei dem Sport gewidmeten Clubs wurde der körperlichen Ertüchtigung genauso viel Raum gewährt wie der geistigen Weiterbildung in der Muttersprache. Je größer der Einfluß des schon in Argentinien geborenen Nachwuchses wurde, um so mehr schaltete sich automatisch der Sprachgebrauch in die Landessprache um. Die Predigten in den Gottesdiensten, die Beiträge in den deutsch-jüdischen Zeitungen und Zeitschriften fanden sich mehr und mehr in der der jungen Generation vertrauten „Muttersprache". Die große liberale und demokratische, in deutscher Sprache erscheinende Zeitung „Argentinisches Tageblatt" mußte naturgemäß unter solchem Wandel leiden. Als die Emigration begann, war diese Zeitung nach einem halben Jahrhundert ihres Bestehens eine geistige Rettung für die neuen Einwanderer, die noch lange nicht die Kenntnisse erworben hatten, um die großen Zeitungen des Landes – wirklich eine Weltpresse –, „La Prensa" und „La Nacion", verstehen zu können. Heute, nach weiteren 50 Jahren, ist aus dem „Tageblatt" ein „Wochenblatt" geworden. Selbst wenn die Universität Heidelberg dem Direktor Dr. Ernesto Alemann wegen seiner Anti-Hitler-Haltung die Doktorwürde damals entzog, selbst wenn der Diktator Juan Domingo Perón die Zuweisung von Druckpapier unterband – die Emigranten nahmen in der Sprache, die sie mit allen Untertönen zu verstehen vermochten, Kenntnis. Sie sahen nicht nur politische Trübnis, sie waren verbunden mit allen geistigen Werten, die, noch nicht ausgelöscht, auf der Erde zu finden waren.

Als das Dritte Reich in Bomben und Flammen zusammenbrach, als es so schien, als ob aus dem alten Europa, aus seinen rauchenden Ruinen nichts Neues mehr entstehen könnte, als es offenbar aussichtslos wurde, noch einmal die Sprache des Geistes mit einem Leben in der Heimat zu verbinden – da horchten die Emigranten auf, als Dr. Ernesto Alemann, gleichermaßen als Sendbote vieler Wünsche, nach Europa reiste. Wie sah es dort aus? Fast undenkbar jene Möglichkeiten, auf die wir heute zählen und an die noch nicht zu denken war, als Dr. Alemann im Jahre 1947 „Reise durch Deutschland" und 1949, zusammen mit R. T., „Deutschland heute" veröffentlichte.

Eine starke Verbindung zur deutschen Sprache bot auch jene Vereinigung, die den Emigranten bei ihren ersten Schritten im neuen Land Hilfestellung gab, die „Asociación Filantrópica", deren Vereinszeitschrift in deutscher Sprache erschien. Auch die „Jüdische Kulturgemeinschaft" (IKG), die ihren rund 2000 Mitgliedern im eigenen Gebäude und auf zwei eigenen Freizeitplätzen jegliche Art kultureller Veranstaltungen bot. An die Weiterbildung wurde genauso gedacht wie an Musik und körperlicher Ertüchtigung, naturgemäß auch an jüdische Gottesdienste zu den Hohen Feiertagen.

Diese Vereinigungen waren auch hervorragend dafür geeignet, den Emigranten dann zu helfen, wenn die Behörden einer neuen Heimat in irgendeiner Form, und nicht immer zur Freude, tätig wurden. Folgendes Beispiel sei erzählt: Der Weltkrieg neigte sich seinem Ende zu, es wurde immer deutlicher, daß der Sieg den Alliierten zufallen müsse. Argentinien war bislang neutral gewesen, dies nicht zu seinem geschäftlichen Schaden. Argentinien gehörte also, nachdem es der Allianz beigetreten war, kurz vor Abschluß des Krieges zu den Feinden Deutschlands. Die jüdischen Emigranten waren – der Gedankengang liegt nahe – für die Argentinier in erster Reihe Deutsche. Was war mit solchen Feinden zu machen? Man hätte sie internieren müssen, für Argentinien als Organisations- und Praxis-Aufgabe eine ziemlich unmögliche Angelegenheit. Es wurde also von Amts wegen verfügt, ein Register anzulegen, in dem alle wichtigen Daten dieser „Feinde" festgehalten wurden. Die IKG übernahm diese Aufgabe. Mit deutscher Gründlichkeit wurden die Juden ihr gerecht, und mit Archivierung dieser schönen Sammlung ging das Problem in die Geschichte ein.

Auch das in der Muttersprache geschriebene politische Buch trug dazu bei, ein Heimatgefühl zu schaffen, oder hat man es sich mit dieser Aussage zu leicht gemacht und gibt es hier eine Beanstandung? Wenn der Emigrant nach körperlich erlittenem Unheil sein Vaterland verlassen hatte, hätte es sehr wohl sein können, daß er alle Erinnerungen, einschließlich der Sprache, eher berücksichtigen würde, als in dieser Sprache eine Heimat zu suchen. Ein geradezu unwahrscheinliches Schicksal – unwahrscheinlich wegen eines doppelten Exils – ist in dem Buch des Ernesto Kroch niedergelegt: „Exil in der Heimat – Heim ins Exil. Erinnerungen aus Europa und Lateinamerika". Das Buch erschien zwar erst 1990, nahm aber auf Vorgänge Bezug, die sich nach 1933 in Deutschland ereignet hatten und die sich über Südamerika wiederum in der Bundesrepublik fortsetzten.

Ernesto Kroch wurde 1917 in Breslau geboren. Ende 1934 erfolgte seine Verhaftung durch die Gestapo. Hier ging es nicht so sehr gegen den Juden Kroch wie gegen den Antifaschisten. Nach eineinhalbjähriger Haft wurde er für ein weiteres Halbjahr in das KZ Lichtenburg eingewiesen.

Entlassung und Emigration führten den Autor über Jugoslawien nach Uruguay. Dort setzte er seine politische Tätigkeit fort und verbarg sich während der Militärdiktatur von 1973 – 1984 zunächst im Untergrund. Als sich hier Schwierigkeiten ergaben, als er vor den Militärs aus seiner zweiten Heimat Uruguay fliehen mußte, fand er „Asyl" in der Bundesrepublik Deutschland. Diese Erlebnisse des doppelten Exils führten letzten Endes zur Erkenntnis, daß es auch ohne ihn ginge, zu der von Altersphilosophie zeugenden Bewertung: „denn das Welttheater hört darum nicht auf. Das ist beruhigend, aber zugleich spüre ich dabei doch so etwas wie einen wehmütigen Neid, es geht auch ohne mich weiter".

Wir haben zum Beweis unserer Thematik uns der schriftlichen Zeugnisse bedient, die, nach langen komplizierten Reisen noch immer aus den Regalen gezogen, auf unseren Schreibtisch gelegt werden können. Dabei dürfen wir nicht vergessen, daß hier nur ein Teil südamerikanischer Emigranten-Literatur geschildert wird, daß mit den diese Phänomene beweisenden Beispielen bis in die entferntesten Enden der Welt zu rechnen ist. Auch die wenigen Bücher, die erhalten blieben, bringen nicht alles das zum Ausdruck, was der Emigration in deutscher Sprache zum Troste diente. Am Ende dieses Buches ist von meinem Freund Peter Bussemeyer, über den schon gesprochen wurde, für Südamerika eine Aufstellung der entsprechenden Literatur versucht worden. Es handelt sich dabei nicht immer um verarbeitete Erlebnisse oder Hoffnungen, es wurden auch Nachdrucke gefertigt, die auf dem südamerikanischen Büchermarkt nicht erhältlich gewesen wären. Man denke an Bruno Bürgel, an Wilhelm Busch, an Grimms Märchen, auch an die Märchen von Hauff.

Man sollte sich auch derer erinnern, besonders dann, wenn sie noch unter uns leben, die den Weg in die Fremde, aber nicht den Weg in die Emigration gingen; die den Versuch machten, was zunächst fremd erschien, mit der Muttersprache in Bekanntes hineinzutragen, und nicht nur dies, sondern auch die Geheimnisse fremder Länder im eigenen Zuhause so vertraut zu machen, daß unsere Mitbürger schon gut Bescheid zu wissen glauben, wenn Besucher aus fernen Kontinenten kommen, die dann nicht mehr als Ausländer, sondern als Botschafter schon vertrauter Erkenntnisse angesehen werden.

In diesem Zusammenhang sei auf Inge von Wedemeyer hingewiesen: 1921 in Eldagsen bei Hannover geboren, ging sie nach dem großen furchtbaren Kriege auf einen anderen Kontinent und verbrachte siebzehn Jahre in Argentinien und Peru, in Buenos Aires und Lima. Sie hatte Deutschland verlassen, als es zerstört und gelähmt war, und kehrte zurück, in der Bindung der Muttersprache geblieben, als alles geordnet und aufgeräumt schien. „Die Sprache kann man so wenig wechseln wie die Hautfarbe", mit solchem Ausspruch trägt Inge von Wedemeyer zur Fragestellung nach dem Wert der Muttersprache für ein Heimatgefühl bei. Außerordentlich zahlreich sind ihre größeren und kleineren Arbeiten, sei es, daß altperuanische Kultur erörtert wird, daß wir zeitkritische Kurzerzählungen hören oder etwas erfahren über „Das Haupt – Mittelpunkt der altperuanischen Kultur". Die uns vorliegenden Bücher, kleinere oder größere Arbeiten, übersteigen unsere hier gegebenen Möglichkeiten einer eingehenden Katalogisierung. Die völlige Vertrautheit mit der spanischen Sprache, mithin durch keine Vermittlung getrübter Zugang zu Literatur und Forschung, bringt die Autorin in eine „Dolmetsch-Funktion", eine wertvolle Möglichkeit innerhalb der Muttersprache, die wir bislang noch nicht würdigen konnten.

Aber etwas Grundsätzliches ist zu sagen: Eine gewisse Übereinstimmung mit der Entwicklung jüdischen Gedankengutes ist nicht von der Hand zu weisen. Wir hatten festgestellt, daß die große Wanderung nach der Vertreibung der Juden aus Spanien in der jüdischen Mystik einen Denkumschlag auszulösen in der Lage war. Durchaus tatsächliche Ereignisse oder das, was wir als Realität zu bezeichnen pflegen, hatten eine verstärkte Hinneigung zur Mystik ausgelöst. Man kann fast behaupten, daß hier mehr Wirklichkeit geboten würde als in den Dingen, die wir durch Tasten und Berühren mit ihren Ecken und Kanten im Raum oft als die einzige Realität anzuerkennen in der Lage sind.

Und nun, so merkwürdig es auf den ersten Blick scheint – so merkwürdig ist es auf den zweiten Blick keineswegs – beschreibt und zeichnet Inge von Wedemeyer mit vielen Bildern die Wirklichkeit nach: „Sonnengott und Sonnemensch – Kunst und Kult, Mythos und Magie im alten Peru." In diesem Buch wird durchaus beweisbare Altertumsforschung betrieben. Es gibt auch noch schweren Tadel für jene, die uns in der Geschichte vorangingen: „Als die Europäer im Jahre 1532 unter der Führung der Spanier Peru eroberten, legten sie Zeugnis ab von der unmenschlichen Grausamkeit und schamlosesten Barbarei, mit der je ein Volk eine unterworfene Nation erniedrigt hat, versklavte und abschlachtete. Dank seiner überlegenen ‚Zivilisation', d. h.: vor allem dank des Schießpulvers, überwältigte das sogenannte ‚christliche' Abendland die indianischen Menschen und vernichtete ihre Kultur."

Offenbar vor solchem Geschichtsbild wagt Inge von Wedemeyer – und sie befindet sich dabei auf dem Wege jeder Mystik, also auch der jüdischen – den Ausspruch: „Man versuche es doch einmal mit der Devise: Und der Mythos hat doch recht! Sie trägt weit."

Wenn man einmal in 3800 Meter Höhe, in einer Einsamkeit, in der sich jeder menschliche Laut verliert, vor dem Titicaca-See stand, einem Meer mit einer Länge von 180 km und einer Breite von 60 km, so versteht man die Darlegung, daß hier der Ort sei, an dem die Seele auf Erden gedeihen könnte. „Tiahuanaco" heißt „Haus des Gottes" oder „Wohnstätte des Gottes" und soll die Wiege des amerikanischen Menschen sein. Hier ist offenbar von einem Volk mit einer Handschrift aus Steinen in der Muttersprache deutlich gemacht, wie es seinen Glauben zum Ausdruck bringen wollte. Und darum gehört diese Geschichte an diese Stelle.

Hier mag auch das Schlüsselerlebnis für Inge von Wedemeyer liegen, die ihre Bücher und ihre Vorträge in der hier schon vorgezeichneten Form fortsetzte. Wir dürfen erinnern an „Der Pfad der Meditation im Spiegel einer modernen Kunst", oder „Schicksal der Menschheit" oder „Ein Buch über Bücher – Die Probleme und die inneren Entscheidungen unserer Epoche".

Hoffen wir, daß Inge von Wedemeyer Verständnis findet und daß sich dieses auch auf unser Buch ausdehnt: „Auch das beste Buch im falschen Augenblick vom falschen Leser gelesen und falsch interpretiert, kann Unheil anrichten."

Eine größere Reihe der Emigranten, die schrieben und deren Werke uns heute nicht mehr vorliegen, war uns wohlbekannt und vertraut. Ich denke an Hans Jahn, der die Sonntagsbeilage „Hüben und Drüben" des „Argentinischen Tageblatts" vollkommen redigierte, an Karl Kost mit seinem Roman „Menschen essen Stickstoff", an Livia Neumann und ihren Roman „Puerto nuevo". Rolf Simon soll nicht vergessen werden, der sich mit dem „Lebensbild des Generals José de San Martin" schon der neuen Heimat zuwandte. Bei der Dichtung denken wir an Hans Silber, bei der Politik an Dr. August Siemsen: „Die Tragödie Deutschlands und das Schicksal der Welt." Den begabten Erzähler Max Tepp wollen wir nicht vergessen, der sich in seinen Veröffentlichungen ganz der neuen Heimat zuwandte, den Indianerkindern, den Petroleumfeldern Argentiniens, den Blumen und Bäumen der Anden, auch einer Ferienfahrt zum großen See Nahuel Huapi.

In den Zeiten großer Wanderungen, und wir leben in einer solchen, werden die Probleme zwischen Muttersprache, Vaterland und neuer Heimat, aus rein theoretischen Betrachtungen immer mehr und mehr in die Realitäten des täglichen Lebens eingebunden. Es wird ganz offenbar auch versucht, das Wesen der immer noch fremd erscheinenden Ausländer dadurch vertrauter zu machen, daß man sie, in ihre Muttersprache eingebunden, in Augenblicken zeigt, in denen sie etwas für uns sehr Verständnisvolles tun: sie beten zu ihrem und zu unserem Gott.

Die Diskussion über Wert, Nützlichkeit oder Unwert der Muttersprache im Hinblick auf die Thematik „Heimat" hat eine Gedankenkette wieder an das Licht des Tages getragen, die wir längst für abgeschrieben, nicht wissenschaftlich angesehen hielten und der wir mit Ablehnung gegenüberstanden.

In einem Zeitungsbericht „In den Totenköpfen wird Menschheitsgeschichte lebendig" („Badische Zeitung" Nr. 7 – 10. 1. 92) wird berichtet von einer ungewöhnlichen Schädelsammlung im Keller des Anatomischen Instituts der Universität

Freiburg. Es wird unter anderem geschildert, daß ein solches Haupt verrate, ob die Person auf dem Lande oder in der Stadt gelebt habe. Nomaden hätten lange Schädel, eine seßhafte Bevölkerung habe runde.

Und dann kommt da ein Satz, in dem wir mit Verwunderung von solcher Theorie Kenntnis nehmen mußten: „Doch auch die jeweilige Muttersprache beeinflußt die Schädelform." 1978 habe ein Wissenschaftler aus Hawaii nachgewiesen, daß die Schädelform von Bewohnern verschiedener Inseln abhängig von den Sprachgrenzen sei.

Eine solche Behauptung, so dachten wir, sei mit dem Untergang des Dritten Reiches als wissenschaftliche These verschwunden. Lesen wir doch auch an anderer Stelle derselben Zeitung, in der über das Leben des Hirnforschers Oskar Vogt berichtet wird, es handele sich um einen Wissenschaftler, der die „Wechselbefruchtung zwischen Hirnanatomie und Psychologie" verteidigt habe. Dies habe sich aber offenbar weder bei den 30000 Schnitten des Hirns von Lenin noch sonst erwiesen. Mit Recht werden „die rasseneugenischen Hirngespinste" der Nazis kritisiert und einem Zeitgeist zugeschrieben, der sich in Nebel aufgelöst hat.

Die Situation unserer Zeit hat zu ganz außergewöhnlichen Erscheinungen auch im Bereich der Thematik geführt, die wir hier erörtern. Es war immer einleuchtend und auch verständlich, daß Juden, die den Verfolgungen des Dritten Reiches entgangen waren, in Palästina und dann in dem Staate Israel sich in der Öffentlichkeit nicht der Sprache ihrer Verfolger bedienen konnten. Bei den aus

Deutschland stammenden Einwanderern, in ihren Wohnungen und im Kreise der Ihren, konnte ganz offenbar die Sprache nicht vergessen werden, in der sie Jahre ihres Lebens heimisch waren. Hinzu kam und kommt, daß die hebräische Sprache, wenn man nicht in sie hineingeboren wird, in fortgeschrittenem Alter erhebliche Schwierigkeiten bereitet.

Den ständig unter Verfolgung leidenden Juden ist solche Situation nicht fremd. Wenn die spanischen Juden aus eben diesen Gründen nach der Vertreibung sich ihrer Muttersprache nicht bedienen wollten, benutzten sie das „Ladino“. Besser sollte man es mit „Jüdisch-Spanisch“ (auch spaniolisch) bezeichnen, während man mit „Ladino“ die Sprache der Synagoge oder der religiösen Bücher im Gegensatz zur Umgangssprache bezeichnet. Es ist die Sprache der „Sefardim“, d. h. der Nachkommen der 1492 aus Spanien vertriebenen Juden.

Gesprochen wird das „Jüdisch-Spanisch“ in Afrika, Israel, der Türkei und in den Balkanländern von der Adria bis nach Rumänien. Sein Kern ist heute noch das Altspanisch von 1492. Die Zahl der diese Sprache Sprechenden ist im Abnehmen begriffen. Es war immer so, daß man hier im Wortschatz auch deutliche Spuren der neugewonnenen Heimat vorfand.

Die nach Palästina ausgewanderten Juden, die sich nicht der Sprache ihrer Verfolger bedienen durften, hatten noch die Möglichkeit der jiddischen Sprache, allerdings mit Ausnahme der Einwanderer, in deren Heimatländern Aufklärung und Rationalismus eine sprachliche Assimilation zur Folge hatten. Im Staate Israel hat das Jiddische eine gewisse Renaissance erlebt. Die Amtssprache, selbstverständlich Hebräisch, durfte nach Auffassung eines kleines Teils der Orthodoxie nur im Gottesdienst benutzt werden und sich daher nicht in den „Niederungen" des täglichen Lebens bewegen. Als Ausweichsprache bot sich das Jiddische an. Hinsichtlich seiner Entstehung darf man nicht davon ausgehen, daß die hervorragende Stellung des Jiddischen mit dem Druck des Ghettos zu erklären sei. Die jiddische Sprache ist nach heutiger Erkenntnis eine kulturschöpferische Kraft der jüdischen Religion. Ihr Alter wird mit fast einem Jahrtausend angenommen.

Als die urjiddische Periode sich zur altjiddischen wandelte, traf sie auf eine ähnliche Entwicklung vom Mittel- zum Frühneuhochdeutschen. Als Jahreszahlen nennen wir die Jahre 1450 – 1650. Nach den Greueln im Gefolge des Schwarzen Todes floh die Judenheit nach Osteuropa, wo das kulturelle Eigenleben, auch in der Sprache, seine höchste Wirksamkeit erreichte. Vor dem 18. Jahrhundert hat die jiddische Sprache ihre heutige Gestalt erreicht, die Rückflut der Welle nach Deutschland übte keine sprachliche Wirksamkeit mehr aus.

Wir dürfen mithin unterstellen, daß einem Teil der nach Palästina auswandernden Juden „drei Muttersprachen" zur Verfügung standen: Hebräisch – Ladino – Jiddisch. In der Regel traf dies nicht zu auf die deutschen Juden, die mit einer „Geringschätzung ausdrückenden" – Bezeichnung als „Jeckes" charakterisiert wurden. Sie dachten in der deutschen Sprache, sie sprachen diese Sprache, sie träumten in ihr. Der schroffe Gegensatz zwischen Ost- und Westjuden war bis zum 18. Jahrhundert nicht vorhanden, das Kulturniveau war gleichartig. In der zweiten Hälfte des 18. Jahrhunderts traten die Juden Westeuropas in die Kultur der sie umgebenden Völker ein. Das jüdische Milieu verblieb den Glaubensgenossen Osteuropas, überheblich blickten Westjuden auf sie herab.

Solche Entwicklungen sollte man bedenken, um zu verstehen, in welcher außerordentlich überraschenden Form in Israel die Zuneigung zur deutschen Muttersprache wieder wächst. In jenem Israel, das ja nun wirklich von mannigfachen Sorgen geplagt den Angriffen seiner Geschichte ausgesetzt ist und dennoch Zeit findet, so etwas wie einen „Kulturkampf" zu durchstehen. Ja, noch mehr als dies, die lange verbotene Sprache des Holocaust erlebt eine Auferstehung in Häusern und auf den Straßen des Heiligen Landes. Die Ausstrahlungen des Rundfunksenders Kol Israel erfolgen in einer Unzahl von Sprachen, unter denen die deutsche bislang fehlte. Minister Dr. Burg, der seine Muttersprache aus Dresden nach Palästina mitbrachte, versprach, für die Eingliederung auch der deutschen Sprache in das Informationsnetz des Senders besorgt zu sein. Eine Fülle solcher Anregungen gab es schon seit langem; Max Brod führte Männer und Frauen in Tel Aviv zusammen, die sich einig waren in dem Bestreben, die Sprache der alten Heimat nicht vergessen zu wollen. Die Zeit für ein so unglaublich scheinendes Vorhaben mußte reifen.

Und wenn es auch bis zum heutigen Tage in Israel noch nicht möglich ist, die Musik Richard Wagners zu spielen, so finden sich in den Sprachkursen des Goetheinstituts außerordentlich viele

Menschen zusammen, die die deutsche Sprache neu erlernen oder ihre vorhandenen Kenntnisse vermehren wollen. Der Motive gibt es viele. Da finden wir die Jugend, die lernt, um sich mit den Großeltern wieder verständigen zu können. Da hören wir von dem Fabrikanten, der die Frankfurter Messe zu besuchen beabsichtigt, um deutsche Waren einzukaufen. Ein wichtiges Vorhaben, da im Welthandel der Warenaustausch mit Deutschland in Israel an vierter Stelle steht. Da gibt es Wissenschaftler und Techniker, die der Sprache für die Erweiterung ihres Horizonts und der Ausarbeitung bestimmter Projekte dringend bedürfen. Da hören wir auch von einer Jugend, die ganz schlicht und einfach einen Besuch in Deutschland plant, weil die Jungen und Mädchen dieses Landes bei den zukünftigen Touristen Gefallen auslösen und auf Freundschaft hoffen lassen. Das Treffen des israelischen Präsidenten mit dem Präsidenten der Bundesrepublik Deutschland, zur Lösung mannigfacher Probleme, auch desjenigen der Sprache, geplant, löste eine fast enthusiastische Zustimmung des Schalom Ben-Chorin aus, in der Hoffnung, wenn wahrer Frieden geschlossen würde zwischen Menschen, die einstmals Verfolger und Opfer waren, so könne auch ein Friede nicht fern sein zwischen Israel und seinen arabischen Nachbarn.

Es soll nicht vergessen werden, daß Sprache nicht nur deutlich wird durch Zusammensetzung von Buchstaben auf dem Papier und Umsetzung von Lauten in sinnvolle Sätze, sondern es bleibt zu bedenken, daß es auch eine Sprache gibt, die als Musik tönend über Grenzen und Hürden hinweg den Völkern eine Hochstimmung, eine Übereinstimmung und damit eine Sicherheit verspricht, da sie nicht nur als Muttersprache verbleibt, sondern als Universal-Sprache gleiche Wellen unter den Menschen guten Willens erzeugt.

Wir sahen in einem Film des Fernsehens einen jüdischen Botschafter solcher durch Musik heilsam erzeugten Wirkung. Wir beziehen uns auf Yehudi Menuhin, den jüdischen Geiger, der beginnend als Wunderkind von frühester Jugend an mit seinen zu Herzen gehenden Tönen die Völker zu vereinen sucht. Er, wie sein Vater, in Palästina geboren, bietet uns ein ganz seltenes, beispielhaftes Leben im Sinne der so oft angestrebten und niemals erreichten Verbrüderung der Menschen auf dieser Erde. Er spricht viele Sprachen, auch die deutsche, aber es scheint ganz offenbar, daß seine „Muttersprache" die Musik ist.

Nicht jeder hat das Glück, eine sozusagen universelle Muttersprache dann einzubringen, wenn er Völker wechselt und Grenzen überquert. Es ist also in der Tat so, daß auf lange Zeit hindurch in fremden Landen die Muttersprache eine stützende Heimat für Heimatlose bleibt. Aber an dieser Stelle möchten wir unterstreichen, daß es sich eben und recht eigentlich um „eine" Heimat handeln sollte; daß es zur Förderung des Weltganzen für die Geburt neuer Freundschaften unter den Völkern nicht mehr ausreichend erscheint, in zwar verstehbarem, aber doch egoistischem Tun an dem zu haften, was man mit sich bringt. Aus diesem Grunde ist auch die Aussage im Titel dieses Buches mit einem Fragezeichen versehen. In derselben Absicht wurde wiederholt darauf hingewiesen, daß Schriftsteller und Dichter dieser Emigrantenliteratur, mit der wir uns beschäftigen – wenn sie über die Schwierigkeiten ihres augenblicklichen Daseins hinaussahen –, immer schon den Faden ihrer Verse und Erzählungen in der Form weitergesponnen haben, daß mit einer neuen Heimat eine neue Muttersprache erwachsen konnte. Dies gilt, um bei unseren Beispielen zu verbleiben, für die Verse von Paul Zech, die den Einwanderern geradezu auf die Schönheiten seiner neuen Heimat hinweisen. Dies hat Geltung für die Darstellung argentinischer Geschichte von Peter Bussemeyer, mit der er die Vorteile einer freien Welt zeigen und damit die Liebe zu allem Neuen, was auf einen zukommt, anfachen möchte.

Wir glauben oftmals, daß wir es herrlich weit gebracht haben. Wir beginnen dabei schon über Steine zu stolpern, die noch vor einigen hundert Jahren nicht vorhanden waren. Gelehrte, die ihre Ergebnisse austauschen wollten, überhaupt Menschen, die der Welt etwas mitzuteilen hatten, was sie für wichtig hielten, bedienten sich der lateinischen Sprache, der Muttersprache eines großen geistigen Weltreiches, die überall auf der damals bekannten Erde geschrieben, gesprochen und verstanden wurde.

Es war, und darüber wird auch heute nachzudenken sein, ein besonderer Menschentyp, der über Grenzen, Länder und Meere hinweg eine damals noch nicht so leichte Verbindung zwischen den Völkern aufrechterhielt. Heute, wo es gerade in unserem alten Europa so scheinen mag, als ob, insbesondere auf wirtschaftlichem Gebiet, eine große Zusammenführung erfolgt, müßte doch mehr und mehr daran zu denken sein, daß die Stütze in einer zunächst ungewissen Zukunft nicht allein eine

Muttersprache zu sein vermag, daß neben einer einheitlichen Währung, einem einheitlichen Recht und anderen übereinstimmenden Systemen auch die Verständigung über eine gemeinsame Sprache zu erwarten bleibt.

Die Männer und Frauen, die bereits im Mittelalter in der gemeinsamen lateinischen Sprache eine weltweite Gelehrten-Republik verkörperten, wurden in der Regel als Humanisten bezeichnet. Eine solche Kategorie Menschen wäre auch heute noch zu finden, wenn eifriges Suchen zu einem Erfolg führen sollte. Es gibt eine sehr moderne Definition des Wortes „Humanist", die ich dem israelischen Naturforscher und Philosophen Jeshajahu Leibowitz verdanke. Er verlangt, daß ein Humanist vier Voraussetzungen erfüllen müssc, von denen er selbst sagt, auf ihn träfen sie nicht zu:

Kosmopolit müsse er sein, Anarchist, Pazifist und Atheist. Bei diesen Angaben wäre vielleicht nur zu klären, daß „Anarchist" naturgemäß nicht mit „Terrorist" gleichzusetzen sei, sondern hier nur gefordert wird, daß ein gewisser Widerstand gegen hoheitliche Anordnungen immer dann verlangt wird, wenn diese mit dem gesunden Menschenverstand nicht mehr in Übereinstimmung gebracht werden können. Menschen, die bereit sind, ohne auf die Muttersprache angewiesen zu sein oder sich an sie zu klammern, im weitestem Sinne also Kosmopoliten, weit entfernt von einem Nationalismus: solche Menschen sind zu finden. Wir werden auf unserer Suche nach Humanisten die Anarchisten und die Pazifisten treffen. Inwieweit aber diese Menschen bereit sind, auf ein übergeordnetes Prinzip im Kosmos verzichten zu können, erscheint schon schwieriger. So kommt es, daß viele unserer Naturwissenschaftler, denen wir gemeinhin den Titel Humanist zubilligen, ihn in diesem Sinne nicht erfüllen würden.

Der Mensch ist, will er im Leben bestehen, auf die Sprache angewiesen, wenn er nicht isoliert seinen Tag verbringen will, sondern im Kontakt mit dem Nachbarn. Dies selbst dann, wenn er nicht der Kategorie „Humanist" zuzuordnen ist, einem Ehrentitel, den auch Professor Leibowitz in unserer Zeit nur Tolstoi zuweisen mochte.

Wenn wir uns der Berichte uralter Unterlagen entsinnen, beispielsweise der Bibel, so will es scheinen, als habe es einmal für alle Völker dieser Erde eine einheitliche Sprache gegeben, eine Voraussetzung des friedvollen Zusammenlebens der Völker, die – wie in der Geschichte des Turmbaus von Babel erzählt – im Gegensatz zu einer solchen hoffnungsvollen Zukunft zerstört worden ist. Seit jenen Zeiten also leben und sterben die Völker in ihren Muttersprachen. Jeder einzelne von uns träumt und zählt in dieser seiner Sprache, wird unsicher und hat Schwierigkeiten, wenn er nachbarliche Grenzen überschreitet, empfindet den, der fremde Laute an ihn heranträgt, als seinen ausländischen Feind, dem schon um der Sprache willen nicht zu trauen sei. Es gehört zu den Merkwürdigkeiten unseres Lebens, daß auch ein Umkehrschluß möglich ist. Immer dann nämlich, wenn der Bürger eines Landes seinem Mitbürger weniger Vertrauen schenkt als jenem Fremden, der gerade als Tourist oder Einwanderer sein Land besucht. Mir selbst war ein solches Erlebnis beschieden, von dem ich allerdings glaube, daß es in Südamerika eher seinen Platz findet als auf unserem Kontinent. Als Käufer kam ich in der großen Stadt Buenos Aires in ein Geschäft, in dem ich nach eingehendem Suchen die Ware fand, die mir zusagte. Als es an das Bezahlen ging, wurde mir klar, daß das mitgebrachte Geld nicht reichte, ich also für diesen Tag auf die Ware verzichten mußte. Der Verkäufer beruhigte mich: „Nehmen Sie den Einkauf ruhig mit und bezahlen Sie in den nächsten Tagen, wann es Ihnen passend erscheint." Ein außerordentlich großes Entgegenkommen in einer Elf-Millionen-Stadt, in der schon die großen Entfernungen verhindern, an jedem Tage jede Stelle des ausgedehnten Stadtzentrums zu besuchen. Was war der Grund des mir gegenüber gezeigten Vertrauens? Der Verkäufer hatte an meinem Spanisch, das mit typisch deutschem Akzent eingefärbt war, nicht nur den Ausländer, sondern auch den deutschen Ausländer erkannt. Seine Erfahrungen gaben ihm die Gewißheit, daß hier mehr Vertrauen am Platze sei als bei einem Bürger seines eigenen Landes. Obwohl zur Zeit ein großes Wollen und ein gemeinsamer Wille zur Einheit unser altes Europa zusammenzuführen scheint, kann ich mir kaum vorstellen, daß eine solche Vertrauen bildende Handlungsweise in den Städten unseres Landes Platz greift, wenn der Nachbar zum Nachbar kommt.

Seit alten Zeiten schon gab es, und dies auch in deutschen Landen, „königliche Kaufleute", die weitläufige Handelswege geknüpft hatten und nun in die Verpflichtung eingebunden, sich auch der Sprache des Handelspartners bedienen mußten, sei es schriftlich, sei es mündlich und in Begleitung ihrer Waren. Die Hanse-Städte, die großen Handelshäuser, wie die Fugger, bilden Beispiele für einen ständig notwendigen Gedankenaustausch über Länder und Meere hinweg, dies in der Regel in Sprachen, die nicht die „Muttersprachen" waren. Länder, die stark in das Wirtschaftsgeschehen ihrer Zeit eingebunden waren, lieferten bevorzugt, und dies international, aus ihrer eigenen Sprache die allseits verständlichen technischen Ausdrücke zur Abwicklung der Geschäfte. Erinnern wir an das Wort „bankrott", aus der italienischen Sprache „banca rotta = zerbrochene Bank". Die Zahlungseinstellung des Schuldners, der nicht mehr über Geldmittel verfügte, wird dadurch deutlich gemacht.

Wenn die Bank, auf der sein Geld und Wechselgeld lag, auf der jetzt nichts mehr zu finden war, zerbrochen wurde, so war damit das Ende seiner geschäftlichen Tätigkeit aufgezeigt. Gerade Italien und seine Sprache haben auf den zahllosen Handelswegen, die dieses Land kreuzten, sehr dazu beigetragen, daß über notwendige Geldoperationen durch die Schaffung eines einheitlichen Begriffes sofort Übereinstimmung geschaffen werden konnte. Bis in das deutsche Wechsel- und Scheckrecht reicht die Macht einer fremden Sprache in unserem eigenen Sprachraum.

Nachdem wir uns eingehend mit dem Nachweis beschäftigt haben, wie wertvoll und Sicherungsnetze auslegend die Muttersprache in Situationen sein kann, in denen wir in eine beängstigende Fremde geschleudert werden, nachdem wir dargelegt haben, wie oft sie geholfen hat, lange Zeiträume des Schwankens auf fremdem Boden zu überbrücken, scheint heute – das Jahr 1991 hat nur noch wenige Blätter auf seinem Kalender – eine ganz andere Betrachtungsweise dringend notwendig. Dies ist genau der Grund, warum wir den Titel dieses Buches mit einem Fragezeichen versehen haben, dies ist genau die Ursache, warum das Bibelzitat von der großen und furchtbaren Wüste als Untertitel zugefügt wurde: Wir durchleben, und dies ist keineswegs übertrieben, ganz offenbar eine ungewöhnliche Zeit. Die von uns selbst geschaffene und immer weiter der Zerstörung ausgesetzte Landschaft, ohne Bäume und ohne Wasser, zeigt ihren Wüstencharakter, der von Jahr zu Jahr bedrohlichere Formen annimmt. Und scheint an irgendeiner Stelle unsere Welt noch ein wenig in Ordnung zu sein, so finden sich, wir verstehen es schon nicht mehr, immer wieder Menschen, die mit Bomben und Raketen eine solche noch heile Welt der Vernichtung zuführen und damit einem offenbar für uns undurchsichtigen Ziele näherbringen, das Oasen nicht einmal mehr als Fata Morgana am Horizont zeigt.

Unter solchen Gegebenheiten ist es fast schon eine Selbstverständlichkeit, daß die Menschen, deren Lebensraum sich mehr und mehr zur großen Wüste wandelt, über die Grenzen hinwegzuschauen suchen. In der Hoffnung, überhaupt noch etwas zu sehen, wo es recht eigentlich nichts mehr zu sehen gibt; Nahrung zu finden, wo sie auch nicht mehr wächst; ihre Kinder vor dem Tode zu retten, wo es auch nur Tod und Vernichtung gibt, überqueren sie – nicht immer ohne Gewalt – die nächste Grenze.

In einer Zeit, in der in der Tat nichts mehr so ist, wie es war, in einer Zeit, in der selbst die Religion eine Wüste zu sein scheint, gibt es offenbar zu viele Heimatlose, so daß ein „Ausruhen" auf der Muttersprache nicht mehr möglich wird. Der Präsident des Roten Kreuzes spricht davon, daß wir 200000 Flüchtlinge zu erwarten haben.

Eine gewisse apokalyptische Stimmung setzt für den außerordentlichen Flüchtlingsstrom die sichernde und Schutz bietende Plattform der Muttersprache außer Funktion. Auf den Wanderungswegen, die der deutsche Nationalsozialismus den Juden vorschrieb, auf denen er sie in die Welt trieb, konnten sie noch von der lebenserhaltenden Kraft der Muttersprache, sei es der deutschen, sei es der jiddischen oder der hebräischen, Gebrauch machen, was in großem Umfange zu ihrem Überleben beigetragen hat. Durch Jahrhunderte hindurch haben in ähnlicher Weise wie königliche Kaufleute oder die Hansestädte die Juden in den verschiedensten Ländern der Welt dafür Sorge getragen, daß der Strom der Handelswege, ungeachtet von Kriegen und Bandenwesen, niemals unterbunden wurde.

Sie schufen, nur durch die Tatsache ihrer Anwesenheit in allen Ecken unserer Erde, das Vertrauen zwischen den Partnern, das notwendig war, um Waren oder Geld in Bewegung zu setzen. Wenn der jüdische Kaufmann in irgendeinem kleinen Lande Europas seinem Glaubensgenossen auf dem amerikanischen Kontinent schrieb, der Überbringer dieses Schreibens sei zuverlässig, ihm könne Geld und Ware übergeben werden, so bot schon alleine der Gebrauch derselben Sprache eine ausreichende Sicherheit, oft größer und stärker als eine umfangreiche Dokumentation in unseren Tagen. Allein die Erwähnung des so gewachsenen Bankhauses Rothschild gibt hier einen Hinweis.

Der äußerlich auf ihnen liegende Druck und die Unmöglichkeit, in den üblichen Berufen und Gewerben tätig zu sein, der Ausschluß aus den Zünften zwang die Juden – wollten sie überleben –, sich mit dem Handel und der Wirtschaft zu beschäftigen.

Diese vermittelnde Funktion diente nicht etwa nur, wie sich bald herausstellte, denen, die in ihr tätig waren. Sie handelte, wenn man so sagen darf, nicht nur mit Waren des Marktes, sie befruchtete auch die Kultur, brachte Kultur als Exportgut von Land zu Land. In einer Zeit, als es noch nicht möglich war, über Satellit Bilder und Nachrichten in Sekunden zu übertragen, als noch nicht daran zu denken war, Erkenntnisse, die menschliche Leben zu retten in der Lage waren, in alle Enden der Welt zu verbreiten, war man darauf angewiesen, von Mensch zu Mensch zu berichten, zu empfehlen, zu raten und zu vermitteln. Und das vielleicht Einmalige solcher Situationen war doch, daß das menschliche Vertrauen hineingestellt war in ein Vertrauen zu Gott. Daß Menschen, auch über Grenzen, Länder und Meere hinweg, weite Räume in Reisen und Zeit überbrückend, das Vertrauen nicht verloren zum Mitmenschen, der ihr Glaubensgenosse war und mit dem sie, außer der Sprache, nichts anderes verband als der Glaube, der allerdings ein Glaube war an einen einzigen Gott, der ihrer aller Leben leitete und auch diese oft komplizierten Wege zu einem guten Ende führen würde.

An ein solches Eingreifen einer religiösen Kraft zu erinnern, deren Tragfähigkeit sich im täglichen Leben erweist, scheint mir so einmalig und deshalb eines besonderen Hinweises würdig.

Ganz im Kleinen begonnen hat recht eigentlich

eine solche weltumspannende „Nachrichtenzentrale“ schon zwischen den kleinen und kleinsten Dörfern und Städten, in denen jüdische Menschen ansässig waren. Der in kleinem Umfang Handel treibende Jude, der in der Woche mit seinen bescheidenen Waren von Ort zu Ort zog, hörte sehr aufmerksam auf die wichtigen und unwichtigen Dinge, die ihm mit oder ohne Absicht zugetragen wurden. Und wenn dann der Schabbat kam, war dieser armselige Jude nicht nur ein kleiner Händler, sondern ein König in seinem Glauben, der unter den strahlenden Lichtern seines Gotteshauses, die Pforten weit geöffnet, sich zur Türe neigte, der Braut Sabbath ein gläubiges Willkommen zurief und sie in zujubelnden Melodien begrüßte.

Und wenn dieser kleine Jude seinen Heimatort nicht mehr erreichte, wenn er dann in einem Orte verblieb, wo auch eine jüdische Gemeinde bestand, dann ging er am Freitagabend in das meist unscheinbare Gotteshaus und stimmte dort mit seinen Glaubensgenossen in die Hymnen der feierlichen Sabbatmelodien ein. Es galt als eine Ehre, einen solchen Gast aus der Synagoge zum sabbatlichen Festmahl in die Privatatmosphäre des Hauses zu bringen. Es war selbstverständlich, daß, wenn möglich, der Vorsteher der Gemeinde selbst sich dieser ehrenvollen Aufgabe unterzog. Ich habe es noch erlebt, daß am feierlich gedeckten Tisch, auf dem in Leuchtern zwei Sabbatkerzen brannten und die Sabbatbrote unter einer mit hebräischen Segenssprüchen geschriebenen Decke lagen, der geehrte Gast aufgefordert wurde, den Wein und das Brot zu segnen und beim Abschluß des Mahles das traditionelle Tischgebet zu sprechen.

VII. Ursprung

Der Raum selbst wurde noch erhellt von einem milden Gaslicht, das leise zischend in den feinmaschigen Glühstrumpf entwich, nicht nur Licht, sondern auch Wärme spendend, und so die Menschen zusammenführte, um voneinander zu hören, was in der großen Welt da draußen an guten und bösen Dingen von Juden, für Juden und gegen sie geplant wurde. Oft, wenn dieser Gast nur der jiddischen Sprache mächtig war, die seine Muttersprache war, mit der er seine Heimat an diesen jüdischen Tisch trug, war ein solcher Sabbat, auch über die engen Grenzen des eigenen Landes hinweg, die Heimat des „Fremden", der doch in diesem Augenblick kein Fremder mehr war. Wenn vielleicht der Alltag allzu traurig war und die Nachrichten zu trübe, wuchs die unzerstörbare jüdische Hoffnung, und die Tischgenossen erinnerten sich des Wortes von Theodor Herzl in seinem Roman „Altneuland": „Wenn Ihr wollt, ist es kein Märchen."

Der Verfasser Theodor Herzl hat aber auch ein Nachwort geschrieben: „Wenn Ihr aber nicht wollt, so ist und bleibt es ein Märchen, was ich Euch erzählt habe." Hier liegt der Grund und für mich die Notwendigkeit, warum ich mit solcher Ausführlichkeit über eine Version des jüdischen Glaubens, der vielfältigen Kontaktmöglichkeiten zwischen Mensch und Mensch berichtet habe. Die Welt hat sich in einer, man muß schon fast sagen, unheimlichen Form verwandelt, daß tragende Kräfte, wie „Heimat" oder „Religion" kaum mehr ihre Aufgaben erfüllen können. Trotz unseres Wollens – es kann keine Rede davon sein, daß wir es nicht wollen – bleibt so vieles ein Märchen, das schön zu hören, aber fast unmöglich zu verwirklichen ist. Der Graben zwischen Realität und Illusion ist unergründlich tief geworden.

Ein fast unerläßlicher Bestandteil im Aufbau der Welt, in der Übung im nachbarschaftlichen Denken, ist ganz offenbar verlorengegangen: Gesucht wird und einstweilen noch ohne Hoffnung, es finden zu können: „Menschliche Zuwendung". Wie alle Zusammenhänge, die man in der großen Welt zusammenzusetzen und in Ordnung zu bringen trachtet, beginnt auch dieses Problem, beginnt auch diese Fragestellung sehr im eigenen Hause. Wie eine Unzahl anderer Menschen, so stand auch ich einmal ganz persönlich, und ich gestehe mit Angstgefühlen, Schicksalen und denen, die darunter litten, Auge in Auge gegenüber. Die Gesetzgebung zur Wiedergutmachung nationalsozialistischen Unrechts war angelaufen, und es kamen die Anspruchsberechtigten in meine Sprechstunde, um zu berichten, was ihnen geschehen war. Diese Erlebnisse wurden als eidesstattliche Versicherung mit einer feierlichen Eingangsformel und unter Androhung schwerer Strafe bei Täuschungen schriftlich niedergelegt. Bei erhobenem Schwurfinger füllten diese Berichte über Tod und Krankheit Seiten um Seiten unzähliger Akten. Sie wären in keiner anderen Sprache wiederzugeben gewesen als in der Muttersprache. Für die, die da berichteten, war es mitunter wie eine „Katharsis", eine geistige Befreiung, mit der Wohltat eines „Beichtstuhls", den ja die jüdische Religion nicht kennt. Dies war, so glaube ich, eine der letzten Möglichkeiten, in der Muttersprache die vertraute Heimat wiederzufinden. Aber eben nicht nur die vertraute Heimat, sondern auch die drohende Heimat, die ihre Kinder verstoßen und damit viel verloren hatte von der schützenden Hülle, mit der sie bislang ihre Bewohner zu umfangen pflegte.

Die Berichte blieben ja nicht in meinen Akten. Sie wanderten durch die Räume eines immer größeren Behörden-Apparates, sie wurden am Anfang in ihrer ganzen Schrecklichkeit auch von den dort tätigen Beamten anerkannt. Man versuchte noch, vernichtetes Leben in Entschädigungen von Geld umzusetzen. Man war bestrebt, Jahre der Haft in den Konzentrationslagern „wieder gut zu machen", aber kann so etwas überhaupt – ganz bestimmt, es kann nicht – mit Geld entschädigt werden? Die zur Vernichtung bestimmten Menschen gingen zum großen Teil mit einem Lobgesang auf ihren Schöpfer zu den Krematorien und brannten so, unauslöschlich für Jahrhunderte, ihr Leben und Sterben in die Erinnerung der folgenden Generationen ein.

Mir gegenüber saßen nun die Kinder, die vorausgeschickt waren und so ihr Leben retteten, das die zurückgebliebenen Eltern dann verloren, saßen Erben und Verwandte, denen von der Heimat nur die Sprache geblieben war. Es war eine stockende Sprache, es war eine Sprache voller Leid und unter Tränen. Man sollte sich wohl erinnern, daß die Mitteilungen in der Sprache ihrer Kindheit und der Heimat nicht nur den freudigen Ereignissen des Lebens dienten. Aber so traurige Anlässe gab es schon selten. Während draußen, vor den Fenstern, auf der breitesten Prachtstraße der Welt, auf der

Nueve de Julio, im tropischen Licht des Tages ein brausender Verkehr, das Leben vorüberzog, hörte man vor meinem Schreibtisch nur von Tod und Vernichtung.

Das deutsche Volk hatte sich, wollte es wieder unter den anderen Völkern der Welt eine wichtige Rolle spielen, dazu entschließen müssen, zu entschädigen, was recht eigentlich zu solchem Zwekke kaum tauglich war. Und je eingehender und je grausamer die Berichte wurden, deren Tatbestände erst nach und nach mit voller Deutlichkeit an die Öffentlichkeit kamen, um so weniger glaubwürdig erschienen sie oft denen, in deren Hände die Entscheidung gelegt war. Und das war nur natürlich. Denn jene Generation von Männern und Frauen, die da hinter ihren Schreibtischen saßen, konnten es selbst kaum glauben, daß ihre Eltern und Großeltern so grausam, so unmenschlich, so ohne Liebe gehandelt hätten.

Die Folge: die Behörden wurden immer mißtrauischer, machten immer größere Schwierigkeiten aus Furcht vor Täuschungen. Entscheidungen dauerten immer länger, Gerichte in verschiedenen Instanzen mußten eingeschaltet werden, und in sehr vielen Fällen überlebten die Urteile die Kläger, die aus ihnen Nutzen ziehen sollten. Die zu Bedenkenden wurden älter, Krankheiten, die während der unmenschlichen Haftbedingungen begonnen hatten, verschlimmerten sich in gefährlichster Weise. Niemals wurden die Männer und Frauen, die überlebt hatten, von der psychischen Angst befreit, die sie nach qualvollen Träumen in den Nächten mit Schreien aus dem Schlafe riß.

In den Amtsstuben dahingehend Klarheit zu schaffen, daß eine große Anzahl von Leiden mit zunehmendem Alter ohne Zweifel ihren Ursprung in den Jahren des Schreckens hatte, machte immer größere Schwierigkeiten. Und wie heute die Bevölkerung fürchtet, daß Übersiedler und Asylanten ihr Geld und Arbeit entziehen, war es in den Jahren nach dem Kriege nicht immer ganz leicht, deutlich zu machen, daß dort, wo geholfen wurde, nichts entzogen wurde, daß vielmehr neben der Katastrophe des verlorenen Krieges die mindestens ebenso unheimliche einer verlorenen Menschlichkeit, jetzt sichtbar geworden, mit menschlichen Mitteln wieder auszubessern war.

Wo blieben die oft schauerlichen Berichte, zu deren Darstellung, auch eine Aufgabe, die Muttersprache dienen mußte? Ich konnte mich nicht entschließen, diese Fülle von Akten und Papieren dem Reißwolf zu überantworten. Ich nahm sie mit wie ein wertvolles Gut über das Meer von dem südamerikanischen auf den europäischen Kontinent, wo recht eigentlich alles das einen Anfang genommen hatte, was in den Akten geschildert wurde. Wo sollte es weiterhin bleiben? Die Akten reisten wiederum über das Meer und blieben zur Auswertung in den Archiven des Leo Baeck-Instituts in New York.

Dieses ist immer die letzte Möglichkeit, und es ist sehr oft eine Rettung für eine Generation von Juden, die überleben muß: Daß dann, wenn geschehene Tatsachen nicht ungeschehen gemacht werden können, wenn Gutes aus schönen Tagen nicht wiederzubringen ist, wenn Schlechtes nicht wiedergutzumachen ist, daß dann Erzählungen zu ersetzen haben, wo die Schleier aller Vergänglichkeit Vergangenes überdecken.

Besser und eindringlicher, als dies hier versucht wurde zu schreiben, hat ein großer hebräischer Erzähler – er erhielt den Nobelpreis – S. J. Agnon über die Wirkung solcher Erzählungen berichtet. Diese Darstellung ist so schön, so allgemeingültig, mit so viel Tiefenwirkung, daß ich es mir nicht versagen konnte, sie hier zu zitieren. Und zwar in der Form, wie dies Gershom Scholem tat, der große alte Mann, Historiker der jüdischen Mystik, zu dem Agnon noch selbst gesprochen hatte.

„Wenn der Baal-schem etwas Schwieriges zu erledigen hatte, irgendein geheimes Werk zum Nutzen der Geschöpfe, so ging er an eine bestimmte Stelle im Walde, zündete ein Feuer an und sprach, in mystische Meditationen versunken, Gebete – und alles geschah, wie er es sich vorgenommen hatte. Wenn eine Generation später der Maggid von Meseritz dasselbe zu tun hatte, ging er an jene Stelle im Walde und sagte: Das Feuer können wir nicht mehr machen, aber die Gebete können wir sprechen – und alles ging nach seinem Willen. Wieder eine Generation später sollte Rabbi Mosche Leib aus Sassow jene Tat vollbringen. Auch er ging in den Wald und sagte: Wir können kein Feuer mehr anzünden, und wir kennen auch die geheimen Meditationen nicht mehr, die das Gebet beleben, aber wir kennen den Ort im Walde, wo all das hingehört, und das muß genügen. – Und es genügte. Als aber wieder eine Generation später Rabbi Israel von Rischin jene Tat zu vollbringen hatte, da setzte er sich in seinem Schloß auf seinen goldenen Stuhl und sagte: Wir können kein Feuer machen, wir können keine Gebete sprechen, wir kennen auch den Ort nicht mehr, aber wir können die Geschichte davon erzählen. Und – so fügt der Erzähler hinzu – seine Erzählung allein hatte dieselbe Wirkung wie die Taten der drei anderen."

Ist dies nicht eine schöne Geschichte, vielleicht eine Geschichte, die so viele Dinge im Judentum erklärt, die sonst unverständlich blieben? Wenn wir berichteten, daß die Erzählung die letzte Möglichkeit war, einer überlebenden Generation zu einem gewissen Rechtsanspruch zu verhelfen, daß es darum auch wichtig war, diese Erzählungen zu retten und zu bewahren, so wollen wir eine ganz kurze Zeit darüber nachdenken, daß recht eigentlich, Tausende von Jahren zurückblickend, in der hebräischen Muttersprache nichts blieb als Erzählungen, Erzählungen von gewaltigen Ereignissen, die sich unter Donner und Blitz und der Erscheinung Gottes auf dem Berg Sinai abgespielt haben. als Gesetze niedergeschrieben wurden auf steinernen Tafeln, Gesetze, die noch heute das Leben der Völker dieser Welt lenken. Wenn wir bedenken, daß das große Werk der hebräischen Bibel, über Taten berichtend, letzten Endes eine große, dramatische Erzählung ist – so ist in dieser schönen Darstellung Agnons recht eigentlich die ganze Geschichte des jüdischen Volkes, von Generation zu Generation, vom Auszug aus Ägypten und dem Weg durch die große Wüste, bis zum heutigen Tage symbolhaft dargestellt.

Und wie sonst wohl selten war und bleibt die Erzählung in der Muttersprache, in diesem Falle der hebräischen, eine Heimat für die Heimatlosen. Taten konnten erst wieder sichtbar werden, nachdem das Volk Israel das ihm zugesprochene Land zu besiedeln begonnen hatte. Bis zu diesem Zeitpunkt blieb es bei den Erzählungen und blieb es bei den Berichten über die Realitäten, die man von Generation zu Generation langsam aus dem Gedächtnis verloren hatte, die aber in den Erzählungen lebendig blieben. Und der Jude nahm davon Kenntnis, fand sich damit ab, daß nur Geschichten zu erzählen waren, daß aber die Erzählung allein dieselbe Wirkung hatte wie die Taten von einst. Der Jude mußte sagen: „Das muß genügen." – Und es genügte.

In der geschichtlichen Vergangenheit schon aus der Heimat vertrieben, „an den Wassern Babylons saßen sie und weinten", in Ghettos gepreßt, abgeschnitten von den großen Strömen der Kulturen, wurden die Erzählungen von Generation zu Generation verwoben, „und es genügte". Wir würden rückblickend sogar sagen: mehr als das, es war von Vorteil. Aus Wüste und Abgeschiedenheit erwachsen bedeutsame geistige Kräfte, auf die letzten Endes auch der körperliche Fortbestand eines Volkes zu bauen ist.

In der Zeit einer offenbar großen Apokalypse will es uns doch scheinen, als ob wir mit Recht den Titel dieses Buches mit einem Fragezeichen versehen. Es scheint nicht mehr ausreichend, sich damit zufriedenzugeben, in der Muttersprache eine Heimat suchen zu wollen. Die Menschenmassen die sich auf solche Wanderungen begeben, sind zu groß – 400000 Asylanten sollen im neuen Jahr in Deutschland erwartet werden, die Sorgen um Nahrung und medizinische Betreuung, um Unterbringung gegen die Unbill der Witterung, diese Sorgen abzuwenden, übersteigt oft menschliche Kraft.

Ausgeschöpft, fast ausgenutzt, die „Heimat" bildende Fähigkeit der Muttersprache sehen wir in unseren Tagen in ihrer schwindenden Kraft. Die symbolische Darstellung auf dem Einband dieses Buches zeichnet nicht nur das Fernrohr, das Mikroskop, den Kompaß und die Erdkugel, Symbole, die wir schon erklärten. Es bleibt noch ein Bild, das, sozusagen als Rückwand, das abschirmt, was den Vordergrund beinhaltet. Gerade jetzt, wo sich im Verlauf unserer Überlegungen herauszustellen scheint, daß in unseren Tagen offenbar ein „Wohnen" in der alten Heimat durch Vermittlung der Muttersprache immer schwerer und schwerer wird, beginnt dieses Foto symbolhaft für unsere Darstellung an Bedeutung zu gewinnen. Es handelt sich um die Aufnahme unserer Erde und unser aller Heimat im unendlichen Kosmos, um eine Aufnahme, die von einem Satelliten in großer Höhe gemacht wurde. Sollten wir es noch nicht gewußt haben, so wird es uns in anschaulicher Klarheit verdeutlicht: Wie alles so zusammenschrumpft, was wir aus der Nähe für so gewaltig und weiträumig halten. Wie in solchen nun schon winzigen Distanzen die Menschen gezwungen sind, in größter Enge miteinander zu leben und zu teilen, was Mutter Erde, dieser Winzling im Kosmos, an Nahrung zur Verfügung stellt.

Und noch etwas anderes zeigt dieses Bild: Wie verwundbar diese unsere Erde ist. Daß zu der apokalyptischen Situation, an deren Entstehung wir zum großen Teil selbst die Schuld tragen, nun auch noch ein an die Natur gebundenes Unheil, durchaus furchterregend, auf uns zuzukommen scheint. Das sich ständig erweiternde Ozonloch, durch das eine nicht gefilterte Strahlung die Erdbewohner erreicht. Oder der „Treibhauseffekt", der global zu einer Erwärmung der Erdatmosphäre und Erdoberfläche führt. Auf der Nordhalbkugel könnte sich dadurch längerfristig eine Abkühlung ergeben, da der Lauf des Golfstroms durch die starke Erwärmung verändert würde.

Jene Bilder aus dem Weltall ordnen uns sehr deutlich ein in die Unendlichkeit des Weltraums, in dem die Sterne entstehen und vergehen, ohne die kleinen egoistischen Interessen, die wir als „welthistorische Ereignisse" für wesentlich halten. Und selbst wenn das neue Europa 340 Millionen Bewohner haben könnte, selbst wenn uns in der Absicht, Achtung und Anerkennung zu erringen, dargelegt wird, daß bei großen und wichtigen Fernsehsendungen eine Milliarde Menschen angesprochen wird, darf dabei nicht in kosmischem Umfang gedacht werden.

VIII. Schleier der Mystik

Wenn unsere Astronomen in ihren Fernrohren irgendwo im Weltall einen kurzen Blitz aufleuchten sehen, dann wissen sie, daß sie in diesem Augenblick von einem Lichtsignal erreicht werden, das sich vor Millionen von Jahren auf die Wanderschaft begeben hat. Es zeigt heute an, daß vor Zeiten, deren Berechnung dem Menschen schon Schwierigkeiten macht, wieder einmal eine der unzähligen Welten im Kosmos vernichtet wurde. Vielleicht entsprach sie unserer Erde, vielleicht war sie größer oder kleiner. Möglicherweise lebten dort Völker mit großer Intelligenz und klüger als wir, vielleicht aber kämpften noch Wesen am Anfang ihrer Entwicklung gegen unbekannte und als Götter verehrte Naturgewalten.

Wie dem auch sei: es ist so unwichtig im Vergleich zu der Größe und Ewigkeit eines Kosmos, dessen Sinn und Zweck wir auch heute noch nicht einzuordnen vermögen und dies vielleicht auch niemals erreichen werden. Selbst wenn wir gegen solche Vernichtungswellen im Universum etwas tun könnten und bedrohte Wesen zu retten vermöchten, erreichen uns doch deren Botschaften, wenn wir sie schon verständen, zu Zeiten, in denen alles längst ein Ende gefunden hat. Ja, es könnte durchaus sein, daß sich bereits ein neuer Anfang anbahnt, ein Anfang etwa wie er sich anbot, als auf unserer Erde noch „Tohowabohu", das Chaos, herrschte.

Solche Betrachtungen sind nicht immer angenehm, sind aber notwendig, wenn wir glauben, daß „Heimat" auf unserem Planeten der Wanderungen seinen ursprünglichen Rettungsfaktor verloren hätte und auch auf dem Wege der „Muttersprache" nicht mehr zu erreichen sei.

Wir haben fast ein wenig Angst, daß wir uns der Lächerlichkeit aussetzen, wenn wir uns, von solchen gewaltigen Weiten fast umnebelt, in dieses urweltliche Chaos hineingeworfen, dem bei solchen Vergleichen winzigen Erdenunheil zuwenden. Wie es nun aber so ist, wenn Menschen Menschliches mit ihren Hoffnungen zu füllen suchen, bleiben wir auf dem Wege: Wenn nun schon nicht die Muttersprache diesen Weg zu halten oder zu bahnen vermag, dann geben wir es nicht auf, trotz der apokalyptischen Stimmung in unserem Umfeld der kleinsten menschlichen Regungen zu denken und sie als Glaubensstütze zu benutzen.

Fast vor unserer Haustür spielt sich ein sinnloses Morden ab, in dem Menschen sich selbst und ihre Städte vernichten. Da hören wir, und selbst wenn man über uns lacht, wollen wir es berichten, daß unter dem Einschlag von Raketen und Granaten im Umkreis in der Franziskaner-Kirche von Dubrovnik ein Konzert stattfand. Wer waren die Musiker? Sie kamen aus Toulouse, hatten sich freiwillig in die Gefahrenzone begeben, um mit der versöhnenden und heilenden Sprache der Musik ihren Nachbarn und Mitbürgern eines anderen Landes eine auch auf diese Weise sprechende Hoffnung zu geben: „Ihr seht doch, ihr hört doch, zu euch fließt es doch in den Tönen der Musik, daß da noch Freunde sind, die auch in den Zeiten der Gefahr in der allgemeinen Sprache, der Muttersprache aller Menschen, der Musik, euch Zuspruch geben."

Wir haben auf den vorhergehenden Seiten versucht, eine Entwicklung aufzuzeigen, die auf unzähligen Wanderbewegungen den davon Betroffenen geholfen haben könnte, auf dem schmalen Pfad der Muttersprache noch dann Tritt zu behalten, wenn die Verwehungen eines neu sich anbahnenden Lebens diesen Pfad mit Steinbrocken aller Art zu unterbrechen schien. Wir haben uns dabei zunächst der Darstellung und Analysierung eines kleinen Teils der südamerikanischen Exil-Literatur bedient, übrigens mit dem Nebenzweck, in Europa, das sich heute oft geistig so schwer tut, aufzuzeigen, daß mit der Gefahr auch die Kräfte wachsen.

„Und jedem Anfang wohnt ein Zauber inne, der uns beschützt und der uns hilft zu leben" (Hermann Hesse).

Dieses Buch wird von einem Juden geschrieben. Und wenn es auch deutlich wird, daß es auch von dieser Seite keine Lösung des offenbar in einer engen Sackgasse endenden Lebensweges der Erdvölker gibt, sollte doch versucht werden aufzuzeigen, was eine Geschichte von vielen tausend Jahren hier an Erfahrungen zu bieten hat. Der Autor ist sich sicher, daß er, wenn er aus verschiedenen Gründen, über die zu sprechen sein wird, das Jahr 1492 zu Kommentaren benutzt, auf keinen Widerspruch stoßen wird. „Soll er doch", werden die Leser sagen, „500 Jahre sind eine lange Zeit, und was damals mit den heute schon so nicht beliebten Juden in Spanien geschah, kann Menschen, die dem Jahre 2000 entgegengehen, schon nicht sonderlich aufregen."

Dies wird also zu keinen Beanstandungen führen. Etwas schwieriger werden die Dinge schon, wenn ich ankündige, daß mystische Erfahrungen in die Erörterung hereingezogen werden. Nicht etwa in dem Sinne, daß wir mit Zauberformeln dienen wollen, aber in jener Form, daß wir uns gewisser Erkenntnisse aus der Geschichte der jüdischen Mystik bedienen, einer Geschichte, die oftmals im Hinblick auf jüdische Belange mit unserer Lebenszeit gewisse Ähnlichkeiten hat. Wir haben alle Veranlassung, uns dabei der Forschung zu bedienen, die der Altmeister der Geschichte der jüdischen Mystik, Gershom Scholem, uns hinterlassen hat. Wir wollen zunächst nur festhalten, daß Kabbala nichts weiter ist als die Bezeichnung einer religiösen Überlieferung, in einiger Erweiterung auch in übertragener Bedeutung eine geheime Tradition, überhaupt die Bezeichnung einer jüdischen Geheimlehre. Sehr lange Zeit hindurch wurde auch im Judentum eine solche Lehre als verbotene Zauberei oder überhaupt als unsinnig abgelehnt. Der große jüdische Historiker Heinrich Graetz konnte seine Entrüstung über die Aussagen der Kabbala nur schwer verbergen. Diese seine Auffassung wurde noch in den elf Bänden seiner „Geschichte der Juden“ (1853/75) vertreten, einer jüdischen Geschichtsdarstellung, die wir in verkürzter Form übrigens immer zu Barmitzwah (Konfirmation) eines jüdischen Jungen verschenkten. Im übrigen soll schon vorab angemerkt werden, daß nach den Lehren der Kabbala der Mensch im Dienste seines Zieles einen Einfluß auf historische Vorgänge nehmen könne. Es könne also nicht nur von oben nach unten, sondern auch vom Menschen, von unten nach oben, zu den höheren Geistesregionen Wirkung ausgehen. Zur weiteren Begründung wird dann vorgetragen, daß Sehnsucht, Gebet oder „Kawana", das heißt eine mystisch wirkende Andachtkonzentration, von unten zu kommen habe, damit von oben quellende Segensströme ihren Weg finden könnten.

Wie Chassidim solches Denken in die Praxis umzusetzen versuchten, hat Martin Buber in der Erzählung „Gog und Magog", einer Chronik, gezeigt. In den Prophezeiungen des Ezechiel (Kapitel 38 und 39) wird die Geschichte von Gog und Magog berichtet. Der dämonische Herrscher Gog errichtet im Lande Magog sein Reich: „Dann steigst du hinan, auf mein Volk Jisrael los wie Gewölk, das Land zu verhüllen. In der Späte der Tage geschiehts, kommen lasse ich dich, auf mein Land los, damit mich die Weltstämme erkennen, wann vor ihren Augen ich an dir mich erheilige, du Gog! (Martin Buber: „Bücher der Kündung".) Sobald dies geschehen ist, wird die Erscheinung des Messias erwartet.

Die Chronik, die Martin Buber für die Wiedergabe seiner Erzählung benutzt, überträgt ihren Inhalt in die Zeit der Napoleonischen Herrschaft. Dort wird nun versucht, das Kommen des Messias zu beschleunigen. Dies könnte so geschehen, indem man Napoleon als Gog der Apokalyptik anerkennt. Aus diesem Versuch kann nichts werden. Es gibt in der Chronik einen Gegenspieler, der mit der ganzen Kraft seines Glaubens, durch innere Wandlung und Umkehr, das magische Experiment nicht zum Erfolge kommen läßt.

Hier sind wir durch unsere Beschäftigung mit den Gedanken über die „Muttersprache", jene Brücke, die den Emigranten auch in unseren Tagen über die geistige Trennlinie von der alten zur neuen Heimat sicher getragen hat, zu der Problematik gekommen: Die riesigen Menschenmassen, die sich heute in Bewegung setzen, sei es, daß sie der Verfolgungen wegen um Asyl bitten, sei es, daß der Hunger sie auf die Wanderung treibt – bildet auch ihnen noch Muttersprache Heimat? Solches denkend, kommt der jüdische Mensch nicht über die Erinnerung hinweg, die ihm immer wieder aufzeigt, wie das unheimliche Morden seine Glaubensgenossen über die Straßen dieser Welt gehetzt hat. Und mit dieser Erinnerung beginnt in dem Juden eine sehr alte, in seinem Glauben vorgezeichnete Möglichkeit wieder aufzuleben: er rechtet wie einst Hiob mit seinem Gott, den er zu fragen wagt, welches wohl die Ursache sei, warum ein allmächtiger und allgütiger Gott solches Unheil geduldet habe, ein Unheil, vor dem sich alle menschlichen Hilfen in nichts aufzulösen scheinen.

Auch unsere Generation gläubiger Menschen ist keineswegs geneigt, von den Gedanken Abstand zu nehmen, die die Güte und Verstehbarkeit Gottes zum Grundsatz nehmen.

Diskutiert wird dagegen jene Gedankenkette, die über die Allmacht Gottes zu philosophieren bereit ist. Hier finden wir eine gute Tradition der jüdischen Mystik der Kabbala.

„Die Existenz des Weltalls wird durch einen Prozeß des Einschrumpfens in Gott möglich gemacht." (Gershom Scholem: Die jüdische Mystik – S. 286)

Isaak Luria überliefert im sechzehnten Jahrhundert ein Denkmodell, dies darf nicht verschwiegen werden, das auch Gershom Scholem als „wenig harmlos" kennzeichnet. Es ist ganz offenbar in der nie beendeten Suche des Menschen begründet, das Böse in der Welt mit irgendeiner Erklärung zu versehen. Trotz des Unheils, das über die Juden seit Jahrtausenden hereingebrochen ist, trotz der nicht beendeten Kreuzzüge, die mit verbrannten jüdischen Niederlassungen am Rhein endeten, trotz der Scheiterhaufen der Inquisition forderten die Jahre nach 1933 mit geradezu revolutionärer Dringlichkeit, gerade vom gläubigen Menschen, eine Begründung des göttlichen Waltens. Damals ging Luria von einem Begriff aus: „Zimzum", wörtlich „Beschränkung", einer Selbstkonzentrierung des göttlichen Wesens. Es wird also hier der Glaube an einen Gott vertreten, der sich selbst in seiner Schöpfung, oder besser gesagt: aus seiner Schöpfung zurückzieht, damit auch noch der Mensch tätig werden könnte. Mit heißem Bestreben hat man in der jüdischen Tradition nach Auschwitz solche Gedankengänge gesucht. Eine jüdische Stimme ist die von Hans Jonas: „Der Gottesbegriff nach Auschwitz".

Je länger man über solche Gedanken nachdenkt, um so verständlicher werden auch Begründungen, die wir etwa bei Scholem lesen können: „Man ist versucht, dieses Zurückgehen Gottes auf sein eigenes Sein mit Ausdrücken wie ‚Exil' oder ‚Verbannung' seiner selbst aus seiner Allmacht in noch tiefere Abgeschiedenheit zu interpretieren." Scholem neigt der Idee zu, „Zimzum" als das tiefste Symbol des Exils zu bewerten. Gerade einen solchen Gedanken hatten wir so sehr nötig. Sehen wir in ihm doch auch ein wenig Hoffnung und wird uns so das Vertrauen an einen gütigen Gott nicht genommen, im Gegenteil: in Dankbarkeit anerkannt, daß im Rahmen eines gewaltigen Schöpfungsplans auch den freidenkenden Menschen eine gewisse Rolle zugewiesen wird. Übt er sie schlecht und verderblich aus, so mag dieses Geschenk von „Zimzum" wieder zurückgenommen werden, dies in dem Sinne, daß mit der Ankunft des Messias noch sehr lange nicht zu rechnen sei. In den Zeiten, in denen wir uns mit all den Hilfsmitteln auseinandersetzen, die uns über Wanderung und Vernichtung hinweghelfen könnten, kommen wir leicht von dem so einfachen und leicht zu verstehenden Brückenbau durch Muttersprache zu den schwierigen Denkprozessen eines „Zimzum", mit denen uns göttliches Walten verständlich gemacht werden soll.

Der Mensch ist, soweit wir wissen, das einzige Geschöpf, das in der Lage ist, um seine Endlichkeit, also um seinen Tod, zu wissen. Er weiß nichts darüber, was geschah, bevor er auf diese Erde kam, er hat keine Kenntnis, wozu er sich hier befindet, und er kann nicht einmal ahnen, was geschieht, wenn sein Leben hier endet. Aber der gesamte Prozeß des Eintretens in diese unsere Welt und die Geheimnisse, die vorher und nachher angesiedelt sind, erzwingen geradezu, mit einer Flut von Gedanken und Möglichkeiten zu spielen, die als Erklärungsversuche anzusehen sind und möglicherweise unendlich weit von Wahrheiten entfernt bleiben. Vermutlich ist alles ganz einfach, wie Wahrheiten in der Regel sind, und darum, wenn auch naheliegend, nicht greifbar.

Es ist ein geheimnisvolles Denkgebiet, in dem sich die Religion angesiedelt hat, derer Hoffnungen und Tröstungen der Mensch in apokalyptischen Situationen bedarf. Und es ist naturgemäß auch die Philosophie, oft sehr dienlich für Menschen, die eine Welt, eine Schöpfung der Wunder nicht mehr zu sehen vermögen und ganz sicher in der Behauptung sind: es wird schon der Tag kommen, an dem wir genauestens erfahren werden, was wir zu wissen wünschen. Und neben den Religiösen und neben den Philosophen – zwei Kategorien, die uns durchaus sympathisch sind – gibt es eine dritte Gruppe von Bürgerinnen und Bürgern dieser Welt, die, weder durch das Gute noch das Böse beeinflußt, ein ihnen um der Existenz willen angebotenes Leben ohne Beschwerden mit seinem Auf und Ab hinzunehmen geneigt sind. Soweit ihnen der Anfang ihres Daseins überhaupt interessant ist, begnügen sie sich mit dem Aufblättern ihrer Kinderbildnisse in den Familienalben. Auch der übrige Lebensablauf läßt sich so oder so ähnlich dokumentieren. Und das Ende, an das eigene mag man nicht glauben, wird in Freundeskreisen beobachtet und kommentiert, um dann gegebenenfalls in einer nicht immer sehr stillen Kaffeetafel, als Anteilnahme bewertet, seinen Abschluß zu finden.

Der jüdische Mensch, der sein Schicksal so wenig versteht wie die übrige Menschheit um ihn, wird in der Regel, schon durch das Verhalten seiner Umgebung, auf Besonderheiten hingewiesen, die seine Bahnen offenbar vorgezeichnet haben. Er „wird" darauf hingewiesen, vielleicht trifft dies in Zukunft nicht mehr zu, und statt des „wird" liest man in Zukunft „wurde".

Wir müssen den Kreis unseres Denkens in irgendeiner Form zu schließen suchen. Ausgehend von einer Zeit, die man im Gegensatz zu der heutigen fast noch als normal bezeichnen konnte, in der es bei Wanderungen schon hilfreich und stützend war, wenn die Muttersprache erhalten wurde, stellen sich in unserer Zeitenwende Situationen ein, die nicht mehr mit einfachen Rezepten zu meistern sind. Wenn der Satz einmal Geltung hatte, daß es leichter sei, aus einem Lande auszuwandern als aus seiner Sprache, kommt es heute ganz offenbar auf Wollen oder Nichtwollen nicht mehr an. Ob diejenigen es leichter haben, die innerhalb desselben Sprachraumes ihre Wanderung vollziehen müssen – so etwas gibt es heute –, bleibt fraglich, wenn man an die eine Million umfassenden Massen denkt, die seit der in unserem Vaterlande vollzogenen Wiedervereinigung vom Osten in den Westen gewandert sind.

Wenn wir vorhin anmerkten, daß wir uns in irgendeiner Form auf jüdische Mystik zu beziehen gedenken, dann dürfen wir darauf hinweisen, daß, wie geschildert, gerade in unseren Tagen versucht wurde, das unglaubliche Weltgeschehen mit dem Gedanken in Verbindung zu bringen, daß absichtlich Gottes Lenkung für eine Zeit ausgesetzt hat, um der eigenen Entwicklung des Menschen Gelegenheit zu geben. Wir halten jetzt den Augenblick für gekommen, auch einen Blick auf die geschichtliche Entwicklung dieser Mystik zu tun, immer in der Hoffnung, Lösungen zu finden für die Epoche, in der wir leben.

Das Jahr 1492, das Jahr der Vertreibung der Juden aus Spanien, bildet für den Juden, historisch gesehen, einen wirklichen Beginn einer Wandergeschichte. Wie hat er sich damals verhalten? Welche Schlüsse hat er aus der Weltkatastrophe gezogen? Wie haben damals und in der Folgezeit weise und gelehrte Kenner seiner Religion reagiert, welche Schlüsse gezogen, und welche Prophezeiungen den Wanderern erteilt?

Die Epoche, die dem Jahr 1492 voranging, wies in ihren geistigen Belangen eine gewisse Ähnlichkeit mit der unsrigen auf. Das religiöse Bekenntnis wuchs nicht mehr in der gleichen Kraft und Stärke wie ehedem. Es lag also nahe, und dies tut es ja auch in unseren Tagen, daß die Menschen nach irgendeiner Führungskraft suchten, die als esoterische Lehre mit mystischem Gedankengut eine Richtung zu weisen vermochte. Die jüdischen Mystiker jener Jahre beriefen sich in Verfolg ihrer Gedanken auf eine Prophezeiung, die lange Zeit hindurch das Jahr 1492 als ein Jahr der Erlösung verkündet hatte. Erlösung sollte in diesem Sinne eine Befreiung bedeuten. Nun sahen sich aber die jüdischen Menschen in allen diesen Hoffnungen getäuscht. Das Exil trat mit seinen Schwierigkeiten in ihr Bewußtsein und zerstörte ihre Hoffnung.

Wenn die recht eigentlichen Tröstungen der Religion nicht mehr wie früher ihre beschwichtigende Wirkung ausüben konnten, so hatten die Juden dieser Wanderjahre nun ihre Kabbala, die gerade um diese Zeit eine eigenartige Entwicklung nahm und auch in ihren Darlegungen und Kommentaren einen tiefen Einschnitt in die Zeitgeschichte aufwies.

Eingehende Forschungen in unserer Zeit, Gershom Scholem gehört zu ihren Vordenkern, haben nachgewiesen, daß die Anhänger der Kabbala bis zu diesen Jahren der Wanderung nur kleine Gruppen ausmachten. Sie hatten niemals die Absicht, einen großen Wirkungskreis nach außen zu suchen und jüdische Lebensformen zu ändern. Der Kabbalist und Mystiker vor der Wanderung war daran interessiert, so viel wie möglich über die Erschaffung der Welt zu erfahren. Wie, wann, und in welcher Form sie ihrem Ende zugehen würde, interessierte ihn noch nicht. Haltungen, wie wir sie vorher in der chassidischen Erzählung „Gog und Magog" geschildert haben, also eine Einflußnahme auf den Ablauf des Tagesgeschehens, wurden noch nicht diskutiert. Scholem findet für solche Denkweise den Satz: „Wer den Weg kannte, auf dem er gekommen war, konnte hoffen, im Stande zu sein, ihn auch zurückzugehen."

Die große Vertreibung hat nun diese Gedankengänge in einer den Forschern besonders auffallenden Weise geändert. Sie spielte sich, wie dies bei jedem geschichtlichen Prozeß der Fall ist, nicht während weniger Monate und Jahre ab, sondern nahm Generationen in Anspruch. Der Kabbalist versuchte in dieser Entwicklung nicht zu erkunden, wie denn seine Geschichte begonnen habe. Er war jetzt bestrebt, seinen Denkprozeß so zu gestalten, daß er sein Augenmerk auf das Ende, auf das gute Ende der geistigen Weltprozesse, richten konnte.

Dies bedeutete die Erwartung, daß das Böse zusammenbrechen würde, daß eine messianische Zeit anbrechen könnte, daß dieser Prozeß durch eigenes menschliches Eingreifen zu beschleunigen wäre. Wir betrachten hier also den für mein Empfinden außerordentlichen Prozeß, daß auf Grund äußerer bedrohlicher Ereignisse geistige Ziele in lange überlieferten, an Tradition reichen, philosophischen und mystischen Betrachtungen geradezu umgestoßen wurden. Es erwirkt ja nicht dieselbe Gedankenfolge: ob der Denker in die Vergangenheit zurückgeht, um sich zu vergewissern, wie alles geschah, oder ob er, wir würden heute sagen, als Futurologe mit dem Blick in die Zukunft, denen, die ihm zuhören, einen Weg aufzeigt.

Wir sind heute in der Regel der Auffassung, daß es sich immer lohne und die Zukunft in anderer Form nicht zu gestalten sei, durch Ergründung beendeten Geschehens zukünftiges deutlicher zu sehen. Sicherlich kann man das eine tun, das andere lassen. Der Mensch ist so angelegt, Ähnliches zu suchen, um Vergleichbares zu haben. Nach und nach wächst aber die Erkenntnis, daß die Geschichte, in der wir leben, vergleichbare Situationen nicht erlaubt. So oder so ähnlich muß auch die Situation nach dem Jahre 1492 gewesen sein, die den jüdischen Mystiker veranlaßte, seine Gedanken einem messianischen Zeitalter zuzuwenden. Dabei hatten und haben die Juden in ihrem religiösen Denken den Vorteil, daß das Erscheinen des Messias noch erwartet wird. Die Mystiker, die vor dem Eintritt des Unheils in Spanien in der Weltbetrachtung den Weg zurückgehen wollten, hatten damit die Absicht verbunden, sich eine Weltkenntnis zu verschaffen, bevor Satan seine böse Saat säte. Für diese Mystiker ging solche Saat als das böse Pflanzgut in der Geschichte auf.

Damit hatte es nun sein Ende. Man mußte auf die Zukunft warten. Man konnte versuchen, sie zu beschleunigen, auf sie einzuwirken.

Jede Wissenschaft, die sich auf die Zukunft bezieht, steht heute wieder hoch im Kurs. Mit „Hochrechnungen" glaubt man, viele Dinge steuern zu können. Meine Generation ist möglicherweise auf solche Betrachtungsweise nicht genügend vorbereitet; dies ist lediglich historisch interessant.

Denn diese Generation ist im Aussterben. Wir wurden ganz offensichtlich in besonderer Weise mit der Vergangenheit vertraut gemacht. Wir lernten mehr als das Notwendige, die Entwicklungsgeschichte der Völker, ihre Sprachen, Latein und Griechisch, bewunderten ihre Kunstwerke und ihre geistige Entwicklung. In beachtlichem Umfang waren auch unsere Museen daran orientiert. Meine elterliche Wohnung lag unmittelbar hinter einem prächtigen Museumsbau, dessen Räume den ganzen Tag geöffnet waren, ohne daß das Publikum der Provinzstadt allzu großes Interesse zeigte. Wir konnten, besonders wenn das Wetter an der Küste dazu einlud, in dem Museumsbau ein- und ausgehen und die Ausstellungen eingehend betrachten. Sie waren ganz offensichtlich stark mit der Vergangenheit der Stadt verknüpft, um so das Heimatgefühl zu wecken. Unzählige Funde aus den Moorgebieten Pommerns waren zu sehen, ein vollständig ausgerüstetes Wikingerschiff, bestens im Moor erhalten, war im Kellergeschoß ausgestellt. Und eine große Anzahl von Pflanzen, Tieren und menschlichen Funden wiesen in die Anfänge unseres Lebens möglichst weit zurück.

Was hier also optisch geschah, tat die Kabbala auf geistiger Ebene. Wollten doch die, die auf sie einen Einfluß ausübten, bewußt in Augenblicken dringender Notwendigkeit auf die Vorzüge einer eng verbundenen Heimat verzichten, den Blick der auf die Wanderung geschickten Völker zu einem großen, erstrebenswerten, friedvollen Ziel lenken: der Ankunft des Messias, wenn die Schwerter zu Pflugscharen verwandelt werden.

Zwei Wege wurden in unseren Darlegungen aufgezeigt: Der eine Pfad ist der der Realität und wird begleitet mit dem Spruch: „Es ist leichter, aus einem Lande auszuwandern, als aus seiner Sprache." Diese Sprache wies zurück in die eigene Vergangenheit und bot so im Moment der Wanderung eine Heimat. Dies war die Straße, auf die die Kabbala hindeutet, bis zu dem Moment der großen Wanderung des Jahres 1492. Zurück zu den Ursprüngen!

Und dann ergab sich die zweite Möglichkeit: der mystische Glaube an das Kommen des Messias, der jeden Tag mit neuer Hoffnung versah. Dabei stellte sich vermutlich auch heraus, daß die Arbeit für eine Heimat schon im Moment der Tat auch eine neue Heimat geschaffen hat. Solche Wege haben wir aufgezeigt. Der Autor wird sich aber nunmehr mit Recht fragen lassen müssen, was es mit dem Fragezeichen im Buchtitel auf sich hat. Es wird verlangt werden, daß der Autor gleichsam aus seinem Buche heraustritt und zumindest den Versuch macht, den Leser mit einer Empfehlung in die Wirklichkeit zu entlassen. Dabei wird sich gleich zeigen, daß wir auf Anraten unserer Weisen mit dem Wort „Wirklichkeit" etwas anzufangen wissen. Der Autor hat es vermutlich mit diesen Problemen ein wenig leichter, da ihm der Gedanke an das Wirken einer Vorsehung sehr genehm ist. Aber dies ist eine sehr persönliche Entscheidung und kann kaum in Allgemeingut umgesetzt werden. Wir wollen das Buch bei Ausdeutung des Fragezeichens im Titel nicht in pessimistischer Stimmung ausklingen lassen. Wir wollen aber auch nicht verschweigen, daß die, die Tausende von Jahren uns vorangingen, wenn sie die Stimmung ihrer Zeit wiedergaben, gleichermaßen auch für uns sprechen:

„Wer weiß, ob der Geist der Menschenkinder in die Höhe steigt und ob der Geist des Viehes in die Tiefe steigt zur Erde?" Und der Erfolg all dieses Denkens nach Tausenden von Jahren, damals so wie heute: „Aber ich sah wiederum all die Unterdrückten, die gemacht werden unter der Sonne, und siehe, die Träne der Unterdrückten, die niemand tröstet, und Gewalt von der Hand ihrer Unterdrücker, und niemand tröstet sie: Da pries ich glücklicher die Toten, daß sie längst gestorben, als die Lebenden, daß sie noch leben." (Prediger, Kap. 3, Vers 21 – Kap. 4, Vers 1 und 2)

Leben wir nicht noch heute unter solchen Voraussetzungen? Im Jahre 1990 kamen fast 400000 Aussiedler in die Bundesrepublik, im Jahre 1991 waren es noch rund 220000. Asyl erbaten aus dem Krisengebiet Jugoslawien mehr als 65000 Flüchtlinge. Die Anerkennungsquote lag nur bei 4,5 %. 95,5 % dieser Menschen müssen die Hoffnungen auf ein besseres Leben aufgeben. Wir liefern unsere Waren zu guten Preisen in alle Länder der Welt. Sollten wir diesen Menschen nicht besser bei uns in der Form helfen, daß wir sie weiterführen, ihnen an die Hand gehen, damit sie in ihrer Heimat zur Verbesserung der Situation ihres Lebens beitragen können?

IX. Ewige Wirklichkeiten

Wir sind also weiter auf der Suche nach Heimat, nachdem wir erkennen mußten, daß auch die Muttersprache nicht ausreicht, um sie zu schaffen, daß zwar der Glaube, vielleicht auch der mystische Pfad, Hoffnung zur Tatkraft zu erwecken vermögen, um das Bild einer neuen Heimat, wenn auch in der Ferne, vor uns hinzustellen.

Nun gibt es aber noch ein Drittes, was uns in das Leben hineinzuführen scheint. Wir sprachen das Wort schon aus, wir verdanken es Martin Buber:

„Ich habe keine Lehre. Ich habe nur die Funktion, auf solche Wirklichkeiten hinzuzeigen. Es will mir jedoch scheinen, daß es in unserer Weltstunde überhaupt nicht darauf ankommt, feste Lehren zu besitzen, sondern darauf, ewige Wirklichkeit zu erkennen und aus ihrer Kraft gegenwärtiger Wirklichkeit Stand zu halten."

Was meint Buber? Die messianische Erfüllung kann nur durch innere Wandlung und Umkehr eintreten. Wir haben „gegenwärtige Wirklichkeit" unter Anführung von Beispielen wiederholt und noch in den vorhergehenden Abschnitten deutlich angesprochen. Juden haben alle Veranlassung, in dem Jahre, in dem sie sich 500 Jahre zurück an die große Vertreibung erinnern, sich mit solchen Wirklichkeiten zu befassen. Sollen damals sich doch schon annähernd 170000 zu einer ewigen Wanderschaft haben entschließen müssen. Und dies nicht nur, wie man bislang glaubte, weil ihre Religion störend war und weil sie nach Abschwörung ihres Glaubens in Ruhe hätten weiterleben können. Nein, schon damals entstand jener furchtbare

Aberglaube, dem das jüdische Volk die Unzahl seiner Leiden verdankt, daß nicht die Religion den Unterschied zu ihren Mitmenschen ausmache, sondern daß jüdisches Blut in sich schon so viele Giftstoffe trage, daß ein Miteinander unter den Völkern unmöglich sei. Was damals entstanden, was durch die Jahrhunderte fortgesetzt wurde, ist zwar eine außerordentlich traurige, aber „ewige Wirklichkeit". Martin Buber führt uns gut: Aus der Ewigkeit unserer Erkenntnis wächst die Kraft für unsere Gegenwart. Mit seiner Hilfe suchen Heimatlose ihre Heimat:

„Es ist in dieser Wüstennacht kein Weg zu zeigen. Es ist zu helfen, mit bereiter Seele zu beharren, bis der Morgen dämmert und ein Weg sichtbar wird, wo niemand ihn ahnte."

Aufstellung deutscher Emigranten-Literatur am Rio de la Plata.

Die Bücher in der „Muttersprache" stellte zusammen: Peter Bussemeyer, verstorben in Argentinien.

In Argentinien gedruckte Bücher in deutscher Sprache

Alemann E. F.: Reise durch Deutschland. 142 S. 1947.
Alemann, E. F. und *R. T.:* Deutschland heute. 244 S. 1949.
Andersens schönste Märchen. Zeichnungen von Werner Basch. 80 S. 1943.

Bachmann, Jeanne: Das Kreuz des Südens. 128 S. 1951.
– Erprobte Kochrezepte. 122 S. 1944.
Ballin, Günther: Zwischen Gestern und Morgen. Roman. 261 S. 1945.
Bauer, Kurt: Villa Rica. Eine Heldengeschichte. 34 S. 1938.
Baumgart, Hermann: Der Kasinogeist. Roman. 244 S. 1946.
Bellak, C. E. und *Hirschberg, G. T. M.:* Ein praktischer Führer durch das argentinische Recht. Band 1 bis 10, je 80 S. 1943/44.
Bernhard, Walter: Proklamation der Vernunft. 168 S. 1950.
Bierbaum, Otto Julius: Eine empfindsame Reise im Automobil. 304 S. 1944.
Binding, Rudolf G.: Leben, wie bin ich dir gut. 246 S. 1943.
Blochert, Maximilian: Lachen und Schmunzeln. 80 S. 1946.
Bock, Werner: Der Pudel der Frau Barboni. 80 S. 1944.
Borstendörfer, Adolf: Die letzten Tage von Wien. Roman. 208 S. 1944.
– Graf Ciano. Roman. 192 S. 1944.
Busch, Wilhelm: Bilder und Reime. 36 S. 1942.
– Max und Moritz. 60 S. 1948.
– Schnacken und Schnurren. 32 S. 1946.
– Lustige Busch-Bilderbogen. 104 S. 1944.

Bussemeyer, Peter: 50 Jahre Argentinisches Tageblatt. 174 S. 1939.
- Gedichte. 16 S. 1952.
- Die Flut des Lebens. Novellen. 288 S. 1943.
- Das Buch des Lebens. Eine Anthologie. 222 S. 1945.

Bürgel, Bruno H.: Die kleinen Freuden. 238 S. 1942.
- 100 Tage Sonnenschein. 283 S. 1942.

Buster, Gil: Das tötende Band, Kriminalroman. 232 S. 1946.

Dario, Ruben: Azul. Ausgewählt, übertragen von Hermann Weyl. 152 S. 1942.

Deutsche Nachtigall. Eine Sammlung deutscher Dichtung, herausgegeben von Ludwig Kruse. 114 S. 1938.

Eberhardt, A.: Kampf mit dem Schicksal. 1944.

Ebner-Eschenbach, M. v.: Das Gemeindekind. Roman. 1943.

Fontane, Theodor: Effi Briest. 260 S. 1944.

Franke, F. R.: Fremd auf fremder Erde. 222 S. 1942.
- Das waren noch Zeiten. 180 S. 1954.
- Tropa und Mate. 109 S. 1942.

Frankfurter, F. O.: Der Eid des Hippokrates. Roman. 232 S. 1949.

Franze, Johannes: Artemis. Tagebuch eines Archäologen. 134 S. 1944.
- Wo die Ströme aufwärts fließen. 192 S. 1952.

Franze, Joh.: Nördliche Tropen, südlicher Schnee. 1943.

Friedenreich, Carl Albert: Das Zeitalter Napoleons des Ersten und die sozialen Aufgaben des 20. Jahrhunderts. 136 S. 1946.
- Richard Wagner im Lichte der Anthroposophie. 1944.

Fröhliche Geister: Ein kunterbuntes Buch. 288 S. 1943.

Gardner, E. Stanley: Der stotternde Bischof. Kriminalroman. 181 S. 1944.
- Köder und Angel. Kriminalroman. 232 S. 1944.

Gast, Lise: Eine Frau allein. 244 S. 1948.

Glass, Simon: Das Netz. Roman. 292 S. 1952.

Geiringer, Juan Jorge: Was nicht im Wörterbuch steht. 2000 argentinische Worte ins Deutsche übertragen. 106 S. 1945.

Graupner, Dr. Heinz: Gesundheit ist kein Zufall. 260 S. 1950.

Grimms schönste Märchen. Zeichnungen von Werner Basch. 80 S. 1945.

Gryphius, Andreas: Die geliebte Dornrose. Herausgegeben von Max Tepp. 48 S. 1938.

Hahn, von Bolk: Argentinien in Sage und Geschichte.

Harry-Epp, Leonor: Im Banne der Pampa. 1943.

– Die Frau des Fremden. Novelle. 80 S. 1951.

Hase, Hansl: Hasenlieder und Märchen. 77 S. 1943.

Hauffs schönste Märchen. Zeichnungen von Werner Basch. 80 S. 1944.

Hausmann, Manfred: Kleine Liebe zu Amerika. 288 S. 1943.

Heller, Fred: Das Leben beginnt noch einmal. Schicksale der Emigration. 208 S. 1945.

– Familienalbum einer Stadt (Montevideo). 40 Novellen in einem Band. 200 S. 1948.

Hellfritz, Hans: Zum weißen Kontinent. 178 S. 1947.

Hernandez, Jose: Martín Fierro in deutscher Übersetzung von Adolf Borstendörfer. Das klassische Werk argentinischer Volkskunst. 256 S. 1945.

Herz an der Rampe. Ausgewählte Chansons, Songs und Dichtungen. Herausgegeben von Hans Jahn und Karl Kost. 112 S. 1944.

Hess-Ziegenbein: 100 ausgewählte Rezepte der Wiener Küche. 80 S. 1946.

Hesse, Hermann: Gertrud. Roman. 272 S. 1946.

Hesselbein, Alfred: Deutschland, wie ich es sah.

Highman, Herbert: Internationales elektrotechnisches Wörterbuch. 150 S. 1943.

Hintz, W. E.: Sturm über Norderhöft. Kriminalroman. 156 S. 1944.

Hoffmann, Dr. Heinrich: Der Struwwelpeter. 50 S. 1943.

Hoffmann, Werner: Der Traumkönig von Paraguay. 144 S. 1943.

– Gottes Reich in Perú. 1946.
– Himmel ohne Wolken. 1939.
– Fahrt ins Blaue. 372 S. 1950.

Jacob, Paul Walter: Rampenlicht. Köpfe der modernen Bühne. 206 S. 20 Skizzen. 1945.
– Zeitklänge. Moderne Musiker. Komponisten-Porträts und Dirigenten-Profile. 176 S. 1945.
Jaenecke, G. Andreas: Nitschewo. Die Russen kommen. 102 S. 1946.
Jahn, Hans: Babs und die Sieben. Eine lustige Geschichte für Kinder von 12 bis 80 Jahren. 175 S. 1944.
– Es geht dich an! Kommentare zur Zeit. Gedichte. 110 S. 1945.
Jahn, T.: Kreisendes Leben. Roman. 314 S. 1947.

Katz, Moses: Ost und West. Erzählungen. 112 S. 1942.
Kelley, S. E.: Der Meisterspion. 184 S. 1945.
Klausner, Margot: Sappho von Lesbos. 224 S. 1943.
Kollar, Bela: Ich will leben. Emigrations-Roman. 504 S. 1945.
Kopp, Thomas: Die Siedlung im Walde. 200 S. 1947.
Kössler-Ilg, Bertha: Der Medizinmann am Lanin. Ein deutscher Arzt in der Patagonischen Kordillere. 250 S. 1939. Neuausgabe 1963.
Kost, Karl: Menschen essen Stickstoff. Roman 232 S. 1945.
Kretschmar, L.: Helden und Abenteurer. 1948.
– Tahuantinsuyu – ein peruanischer Totentanz. Historisches Skizzenbuch. 174 S. 1943.
Krieg, Hans: Menschen in der Wildnis. 192 S. 1949.
– Vogelwelt auf einer argentinischen Estancia. 76 S. 1938.
– Vogelbilder aus dem Gran Chaco. 76 S. 1942.
Kruse, Ludwig: Lieder einer Wanderung. 80 S. 1942.

Laar, Clemens: Unzerstörbar ist das Menschenherz. 220 S. 1942.
Larreta, Enrique: Zogoibi – Der Ungläubige. Roman. 280 S. 1942.

L'arronge, Gerhardt: Zeitgesichter, in 2 Bänden, je 64 S. 1949.
– Laubwind und andere seltsame Geschichten. 112 S. 1949.
Lehmann, A. G.: Hengst Maestoso Austria. 248 S. 1950.
Leip, Hans: Jan Himp und die kleine Brise. Roman. 252 S. 1950.
Leucht, Arno: Träume, Schäume, Purzelbäume. 228 S. 1945.
Lindlahr, Victor H.: Iß und nimm ab. 236 S. 1945.
Lowdermilk, W. C.: Palästina. Land der Verheißung. 276 S. 1945.
Luzian, Johann: Der ungläubige Thomas. Roman. 200 S. 1945.
– Tag des Gerichts. 66 S. 1945.
– Mondfahrt. Prosaverse. 100 S. 1952.
Lütge, Wilhelm und *Hoffmann, Körner:* Geschichte des Deutschtums in Argentinien. 388 S. 1955.

Mechner, E. und *Wallisch, O.:* Das neue Palästina.
Menzel, Roderich: Triumph der Medizin. 280 S. 1946.
Menzl, Walter: Die Totalschau des Universums. 280 S. 1946.
– Das Manifest der Demokratie. 32 S. 1946.
Mönnich, Horst: Die Autostadt. Roman. 220 S.
Mowrer, Edgar Ansel: Deutschland stellt die Uhr zurück. 194 S. 1935.
Müller-Adam-Guttenbrunn: Der große Schwabenzug. Roman. 240 S.
Mund, E. B.: Münchhausen. Reisen und Abenteuer. 176 S. 1945.

Neumann, Livia: Hab Mut zum Glück. 158 S. 1942.
– Puerto Nuevo. Neuer Hafen. Roman. 434 S. 1943.

Paasen, P. v.: Der vergessene Alliierte. 300 S. 1945.
Perutz, Leo: Der schwedische Reiter. Roman. 224 S. 1945.

Raschke, Martin: Der Wolkenheld. Roman. 272 S. 1948.

Reinecke Fuchs: Erzählungen aus der Tierwelt für die Jugend. Bearbeitet von A. Barak. 158 S. 1946.
Riffel, Jakob: Die Rußlanddeutschen am La Plata. Festschrift zum 50jährigen Jubiläum. 148 S.
Roeder-Guadeberg, Käthe v.: Das Niemandskind. Ein Kinderbuch. 90 S.
Rohmeder, Dr. W.: Argentinien. Eine landeskundliche Einführung.
– Die schwarze Blume. 86 S. 1938.
Rosenthal, Alfred von Grotthuss: Der Weg aus dem weltpolitischen Chaos. 528 S. 1949.

Sanders, Ricardo: Der Andarin. Gedichte eines Abenteurers. 195 S. 1939.
Sazenhofen, A. V.: Das Rätsel der Gruft. Kriminalroman. 170 S. 1947.
Schäferdick, Willi: Marina zwischen Strom und Meer. Roman. 224 S. 1949.
Schaeffer, Heinz: Geheimnis U-977. 300 S. 1950.
Schmid, Karl: Wunderwelt der Anden. 200 S. 1952.
Schmidl, Utz von Straubing: Der erste Deutsche am Rio de la Plata. Bearbeitet von Max Tepp. 96 S. 1939.
Schmidt, Hans: Argentinische Tiere. 148 S. 1938.
Schmidt, Wolf: Sie und Er. 126 S. 1951.
Schütze, Rudolf: Wetterflieger in der Arktis. 192 S. 1950.
Siemsen, August Dr.: Die Tragödie Deutschlands und das Schicksal der Welt. 220 S. 1945.
Silber, Hans: Gedichte. 88 S. 1947.
Silberstein, Franz: Die unteilbare Freiheit. 264 S. 1941.
– Der Weg ins Verderben. 256 S. 1948.
Simon, Rolf: Ein Lebensbild des Generals José de San Martín. 23 S. 1950.
Solyom, Lajos: Ein Mensch schreit um Hilfe. Roman. 341 S. 1942.
– Nachwort zu einer Liebe. 264 S. 1945.
Der Neue Sorgenbrecher. Humor von gestern und heute. 246 S. 1949.
Spoerl, Heinrich: Die Feuerzangenbowle. 220 S. 1949.
Staden, Hans: Wahrhaftige Historia und Beschreibung einer Landschaft der wilden, nacketen, grimmigen

Menschfresserleuten. Bearbeitet von G. Tudsen. 92 S. 1938.

Strasser, Dr. Otto: Deutschlands Erneuerung. 182 S. 1948.

Strauss: Um Liebe. Novellen. 232 S. 1948.

Swarsensky, Hardi: Von Basel nach Jerusalem. 1949.

- Eroberung durch Aufbau. 232 S. 1949.
- Zwischen Israel und Galut. 88 S. 1950.

Tepp, Max: Die Indianerkinder in der Löwenhöhle. 112 S. 1938.

- Brennende Erde. Petroleumfelder Argentiniens. 180 S. 1940.
- Cap Arcona in Buenos Aires. 96 S. 1938.
- Unter Ceibos und Weiden. 84 S. 1938.
- Die Sonnenkinder des Inkareichs. 148 S. 1938.
- Blumen und Bäume der Kordillere de los Andes. 106 S. 1938.
- Ferienfahrt nach dem Nahuel Huapí. 108 S. 1940.
- Indianer Südamerikas. 42 S. 1939.
- Alexander von Humboldt. 44 S. 1939.
- Peludo. Tiergeschichten aus Südamerika. 86 S. 1940.
- Buenos Aires oder die Kinder des Landes bauen eine Stadt. 1942.
- Mburucuyá. Indianersagen. 140 S. 1942.
- Die Grenzverteidigung gegen Indianer. 24 S. 1 Karte. 1942.
- Hans Katteker. 108 S. 1936.
- Die Gestaltung der deutschen Auslandsschule. 74 S. 1940.
- Martín Fierro und Rückkehr (José Hernández), ins Deutsche übersetzt. Manuskript 1948.

Tetens, T. H.: Christentum, Hitlerismus, Bolschewismus. 100 S. 1937.

Thyll, O.: Soco Chico. Erzähungen aus Nordafrika. 248 S. 1948.

Tolten, Hans: Mit uns wandert die Heimat. 264 S. 1944.

- Die Herden Gottes. Roman. 270 S. 1945.

Troll, Federico: Wege zur Paraphysik. Heft 1. 24 S. 1939.

Universus: Humor aus aller Welt. 104 S. mit 100 Bildern in 4 Sprachen. 1944.
– Denksport-Aufgaben mit Auflösungen. 88 S. 1946.

Volkert, Eva: Das Tal der Wasser. Roman. 148 S. 1948.
Volkert, E. R.: Boje Km. 81 leuchtet. 32 S. 1935.
Völlmer, Carlos: Aesop in Delphi. Spiel in 6 Bildern. 32 S. 1953.

Wallfisch, Erwin: Der Besessene. Roman. 452 S. 1948.
Weil, Bruno: Baracke 37 – Stillgestanden! 253 S. 1941.
– Durch drei Kontinente. 246 S. 1948.
Weismantel, Leo: Gericht über Veit Stoss. 240 S. 1951.
Werfel, Franz: Eine blaßblaue Frauenschrift. 158 S. 1941.
Winterfeld, L. V.: Kopernikus, der Himmelstürmer. 166 S. 1943.
Wispler, Leo: Spiel im Sommerwind. 256 S. 1950.
Wolf, Victoria: König im Tal der Könige. 300 S. 1945.

Zech, Paul: Ich suchte Schmied – und fand Malva wieder. 94 S. 1941.
– Neue Welt. Verse der Emigration. 112 S. 1939.
Zur guten Stunde. 50 Erzählungen. 291 S. 1948.

Almanache, Anthologien usw.

Argentinischer Volkskalender. Jahrbuch des Argentinischen Tageblatts. 1928 – 1943.
Deutsches Lesebuch. 46 S. 1941.
Filantrópica. Vereinszeitschrift in deutscher Sprache.
Goethe-Jahrbuch 1950. 192 S. 1950.
Literatura. Nachrichten für Bücherfreunde. Cosmopolita 1942 – 1947.
Panorama: Unsere Zeit im Querschnitt. Herausgeber: Karl Ziegler, Helga Marcus, Curt Felbel. Jahrg. 1945 – 46.
Porvenir. Zeitschrift. Hrsg. Günter Friedländer und Hardi Swarsensky. 1942, 1944.
Rechtsberater für Deutsche in Argentinien, von Dr. Christian Grotewalt. 180 S.

Sammlung Argentinischer Gesetze, von Stieben-Witthaus. 77 S. 1939.
Südamerika. Monatsschrift in deutscher Sprache. Hrsg. F. R. Franke. 1949 – 1963 ff.
Theater-Almanach 1951, 1953, 1954 und 1955.
Theater-Almanach auf das Goethe-Jahr 1950. Hrsg. von P. W. Jacob. 112 S. 1948.
Theater. Sieben Jahre Freie Deutsche Bühne in Buenos Aires. Ein Brevier. Hrsg. von P. W. Jacob. 361 S. 1946.
Theater 1940 – 1950. Zehn Jahre Freie Deutsche Bühne in Buenos Aires. Hrsg. von P. W. Jacob. 179 S. 1950.
Zehn Jahre Aufbauarbeit in Südamerika (1933 – 1943). 493 S. 1943.

Bilder, die „Stationen der Heimat“ optisch umschreiben.

Auf dem Synagogenvorplatz, gleichzeitig der Hof des Rabbinerhauses, in Arnswalde: (von rechts nach links)
Auf dem Boden: der Autor im Kieler Anzug, daneben ein Vetter.
Sitzend: Rabbiner Abraham Altmann, Großvater des Autors väterlicherseits, Großmutter Chanange, eine Tante.
Stehend: Onkel Max Altmann, die Eltern des Autors.

David Blum, Großvater mütterlicherseits, Bayer, von Beruf Mühlenbauer.

Mutter und Sohn.

Vater und Tochter Raquel, geboren am Kriegsende, am 9. Mai 1945 in Buenos Aires.

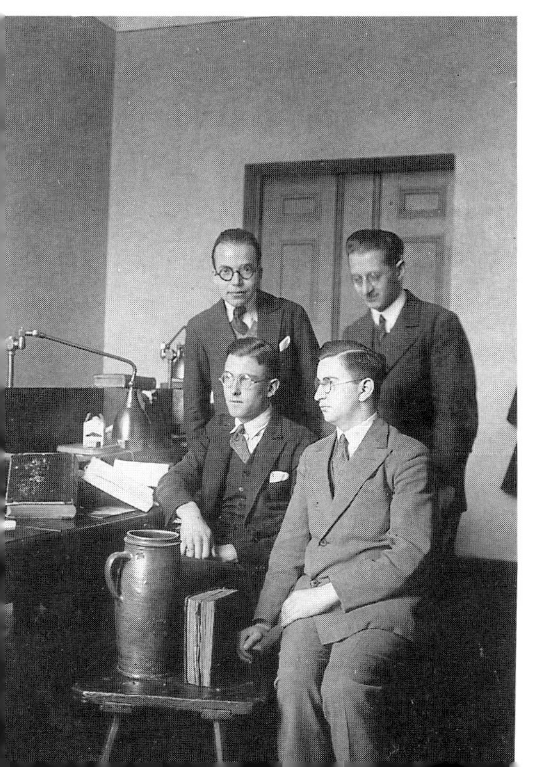

Links hinten der Autor als Student im Kriminalistischen Institut der Humboldt-Universität Berlin. Wasserkrug und Bibel stammen aus der Zelle eines Gefängnisses.

Grenzsituationen meines Lebens

von Hans Heinz Altmann

Ein jüdischer Emigrant, aus seinem gewählten Beruf verstoßen und in diesem Beruf dennoch auch im Nazi-Deutschland tätig, verläßt seine Heimat kurz vor Beginn des Krieges, um zunächst im bolivianischen Urwald zu überleben. Die begonnene Reise, vielleicht auch eine Flucht, wird fortgesetzt nach Argentinien, das auf kaum vorhersehbare Weise auf einem langen Weg Beruf mit Berufung verknüpft.

Ist dieser Weg wirklich mit eigenem Wunsch gestaltet worden? Hans Heinz Altmann kann sein Leben nicht ohne Verständnis einer schützenden Hand verstehen.

„In den ‚Grenzsituationen' seines Lebens hat sich beim Autor immer stärker die Gewißheit aufgedrängt, daß ‚eine mein Leben beherrschende Kraft' eingegriffen hat, daß er an Knotenpunkte geführt wurde, um dort den Herausforderungen zu entsprechen und sinnvolle Entscheidungen zu treffen."

PRÄLAT GERD SCHMOLL

„‚Gott würfelt nicht', stellt Albert Einstein fest und diese Überzeugung teilt auch Hans Heinz Altmann. Seine Biographie ‚Grenzsituationen', geschrieben aus der Rückschau des 1908 in Stettin geborenen jüdischen Juristen, weist immer wieder Begebenheiten auf, die gläubige Menschen als eine ‚höhere Führung' erkennen lassen."

BERLINER MORGENPOST

„Es ist ein abwechslungsreiches, wenn auch nicht gerade gefahrloses Leben, dessen Chronik Altmann vor uns ausbreitet. Sie verdient ihre Leser gerade deshalb, weil hier kein exemplarisches, sondern ganz ungewöhnliches Emigrantendasein mit vielen ‚Grenzsituationen' – wie der Autor die glücklich überwundenen Krisen nennt – erzählt wird."

AUFBAU, New York